RING

ASSAUTS

DANIEL CERDAN

ASSAUTS

ring.fr

ÉDITIONS RING

Collection
DOCUMENT
-
RING
www.ring.fr
-

A mes parents, Julia et Joseph
A mes enfants, Emilie et Olivier
A mon petit-fils Baptiste

« Dans les temps de tromperie universelle, dire la vérité devient un acte révolutionnaire. »

George Orwell

PRÉFACE
CHRISTIAN PROUTEAU
FONDATEUR DU GIGN

Depuis sa création en Novembre 1973, le GIGN est devenu l'une des plus belles aventures militaires des XXe et XXIe siècles, au service de la sécurité des citoyens français. C'est aussi l'histoire des hommes qui l'ont écrite, depuis presque quarante-trois ans, avec son cortège de joies et de peines, mais c'est surtout un savoir-faire spécifique exceptionnel et reconnu dans le monde entier.

Ce savoir-faire a permis au Groupe de réussir les opérations les plus difficiles et périlleuses comme la prise d'otages de trente enfants et de deux adultes dans un bus, en plein désert, à Djibouti, le 4 février 1976, où les sept terroristes du FLCS qui les retenaient prisonniers, avec la complicité de l'armée Somalienne, furent éliminés, permettant la libération des captifs après plus de trente heures de calvaire sous un soleil de plomb. C'est également l'arrestation sans le moindre coup de feu de trente hommes armés du FLNC retenant sept otages et retranchés dans un hôtel à Ajaccio le 9 janvier 1980. Mais c'est aussi le célèbre détournement d'un avion d'Air France par un commando de quatre hommes du GIA, lourdement armé de pistolets mitrailleurs grenades et explosifs, et qui sera éliminé à Marignane le 24 décembre 1994. Les deux-cent-vingt-neuf otages seront libérés en direct, à la télévision. Ces images sont impérissables.

Le GIGN est un cercle très fermé, celui de ceux qui ont réussi à obtenir un brevet numéroté, le plus difficile à porter, l'élite de l'élite. Ils sont à peine quatre-cents depuis sa création. Daniel Cerdan fait partie de cette caste ; il est le numéro 54. Il est arrivé dans des circonstances particulièrement difficiles. Le maréchal des logis-chef Jacques Henri s'était noyé lors d'un exercice de contre-terrorisme maritime. Une chapelle ardente avait été installée à Maisons-Alfort. Il avait immédiatement été confronté à la dure réalité d'une unité d'intervention et avait compris que la réussite avait un prix. Il fera dès lors sien l'un des adages du Groupe : « Entraînement difficile, opération facile. »

Durant ses années en opérations, Daniel Cerdan a contribué à la construction de cette histoire. Aussi, son expérience dans le domaine de l'intervention lui permet-elle de porter un éclairage sur le traitement opérationnel d'événements dramatiques qui ont même laissé perplexes les non-initiés. Nul doute que, plutôt que de relever les enseignements qu'il aurait été utile de tirer de ces modes opératoires discutables, certains préféreront limiter les réflexions de Daniel Cerdan à leur aspect polémique. Pourtant, sa démarche ne met pas en cause les individus mais tout ce qui fait la différence entre une opération réussie et celle que l'on ne saurait qualifier. En ces temps où l'on sait que l'on a un temps de retard sur ceux qui cherchent à nous nuire, il est impératif de chercher à maîtriser nos agresseurs lorsque ceux-ci sont localisés, car morts, ils ne parleront pas.

Daniel Cerdan, à la lumière de son incontestable parcours opérationnel, analyse impitoyablement les faits, rien que les faits. A chacun de voir au-delà.

Les jours meilleurs ne sont pas pour demain...

Christian Prouteau

Ancien officier supérieur de la Gendarmerie nationale et préfet

Fondateur du Groupe d'Intervention de la Gendarmerie Nationale

AVANT PROPOS

–

L'ART DE L'ASSAUT
INTERVENTION
TACTIQUE
CODE DE TIR

La mise en alerte du GIGN est déclenchée par la DGGN, la Direction Générale de la Gendarmerie Nationale. Cet ordre entraîne une cascade d'actions devenues automatiques tant elles ont été inlassablement répétées.

Lorsque qu'un groupe d'intervention arrive sur les lieux d'une opération, sa première préoccupation est de trouver l'endroit le plus discret possible pour s'installer et préparer le plus « sereinement » possible une intervention. L'équipe des négociateurs préparent ses instruments de communication et tentent d'établir les premiers contacts avec les individus hostiles, ttandis que les autres s'affairent à s'équiper et se tiennent prêts à éventuellement intervenir par voie d'opportunité. Le chef de groupe prend attache avec les autorités présentes, le maire, le préfet ou le procureur, les services de santé, etc. Son adjoint s'assure du bouclage correct du périmètre de sécurité et avec ses chefs d'équipe se rapprochent des forces de l'ordre en principe territorialement compétentes pour le lieu de l'intervention et se font transmettre tous les premiers éléments glanés par les premiers à être arrivés sur les lieux. Des comptes-rendus de la situation sont faits. Le responsable du matériel et des équipements répartit les moyens spéciaux tels que les explosifs, les lampes-torches et les radios. Après avoir recueilli un maximum de renseignements les plus précis possibles, une reconnaissance des lieux est effectuée par le chef de groupe, son adjoint et les chefs d'équipe. Durant cette reconnaissance, ils positionnent les observateurs-tireurs. Une fois en place, ces derniers rendent compte en permanence des faits et gestes des individus hostiles ou de tout incident particulier. Cette reconnaissance est longue et minutieuse, et rien n'est laissé au hasard, de manière à ce qu'en cas d'intervention, rien ne puisse entraver l'assaut. Une fois la reconnaissance effectuée, le groupe est rassemblé et, comme un beau dessin vaut mieux qu'un long discours, tout le dispositif est schématisé sur un tableau avec tous les détails. Une stratégie est alors élaborée. Une fois celle-ci arrêtée, chaque élément du dispositif reçoit ses consignes et se voit informer de la conduite à tenir en cas d'ouverture du feu. L'adjoint du chef de groupe participe à l'assaut avec l'équipe de contact. Le chef de groupe supervise l'opération et prend les mesures qui s'imposent en cas d'incident ou d'imprévu. Il peut se joindre, aussi, à l'assaut. Les observateurs-tireurs sont les yeux du dispositif et c'est sous leur protection et suivant les informations continues qu'ils émettent que se déploient les équipes d'assaut. Le chef de groupe attend le moment propice pour lancer la progression de ses hommes vers leur objectif, tout en veillant à articuler et coordonner les différents éléments le plus efficacement possible.

Selon les cas, la progression est soit lente et méthodique – elle est davantage un acte de recherche car les individus ne sont pas localisés et aucun contact visuel n'a été établi –, soit plus dynamique lorsque les cibles sont localisées dès le départ ou depuis les premiers repérages.

Dans ce cadre, toute action est toujours menée au minimum par deux intervenants. Aucune action ne doit être entreprise par un homme seul. De plus, le contact physique entre les différents éléments du groupe d'assaut est constant afin d'éviter des cassures et des mouvements « accordéon » néfastes à la discrétion du déplacement.

Le groupe d'assaut éclaire la progression et reconnaît toute structure et ouverture, portes ou fenêtres, et investit les différents locaux. Il est appuyé par un binôme en charge des explosifs. L'homme de tête du binôme fait un appui éloigné s'il ne nécessite pas l'emploi d'explosifs, notamment par un *riot gun*, le second fait de l'appui rapproché et porte les explosifs. Un autre binôme, dit de couverture, est chargé de protéger la progression du groupe. L'un des deux membres du binôme fait constamment face à l'arrière de la progression de tout le groupe et il se décale sur l'extérieur. Son équipier le tient par le ceinturon en faisant face vers l'avant au contact du dernier élément de l'équipe d'assaut.

Lorsqu'une pièce est à investir, ce binôme de couverture se positionne de manière à pénétrer le plus rapidement possible et simultanément dans cette pièce. Soit A et B les deux éléments du binôme. Ils se placent tous les deux en sécurité du même côté de la porte de la pièce à investir. Dès que A est prêt il fait le signe « clair » pour action, il attend que B lui donne le signal « prêt » par un pincement d'épaule. Dès que ce signal est donné, A temporise deux secondes, puis il ouvre et pénètre du côté du pivot de la porte en la contrôlant éventuellement afin qu'elle ne revienne pas sur son binôme qui pénètre derrière lui du côté opposé. Tous deux se dissocient et ne restent pas dans l'axe de la porte.

L'investigation de la pièce se fait méthodiquement et en coordination, du plus dégagé au plus encombré, en suivant si possible les côtés afin de n'avoir aucun retour dans le dos. Si A progresse, B appuie, et inversement selon la configuration de la pièce.

Le maître-chien est un autre binôme indispensable dans un groupe puisqu'un chien dressé pour les interventions fait bénéficier le groupe de sa vitesse, de son odorat et de sa puissance. La position de cette équipe homme-chien est déterminée au cas par cas suivant la configuration du terrain, et permet notamment d'éviter tout fuite pédestre ou en véhicule d'un individu à appréhender.

Enfin, un groupe a toujours des anges gardiens : l'équipe médicale qui sauve ou soigne les forces de l'ordre blessées lors des opérations les plus périlleuses.

Donner des ordres, organiser et exécuter une mission n'est pas un exercice facile. Le GRO, le guide de raisonnement opérationnel, permet d'aborder n'importe quelle mission.

La Gendarmerie nationale est l'une des plus anciennes institutions françaises et tous ses futurs « gens d'armes », les élèves officiers et sous-officiers de la gendarmerie nationale, apprennent en école le maniement des armes et le cadre légal, réglementaire et déontologique dans lequel ils seront autorisés à employer la force.

Tous ne pourront exercer leurs fonctions qu'après avoir prêté serment. Cet acte d'origine religieuse a perdu son caractère sacré, mais il conserve cependant toute sa signification. À l'issue de leur formation initiale, les jeunes gendarmes seront reçus en audience publique par le président d'un tribunal de grande instance pour prêter le serment suivant :

« Je jure d'obéir à mes chefs en tout ce qui concerne le service auquel je suis appelé et, dans l'exercice de mes fonctions, de ne faire usage de la force qui m'est confiée que pour le maintien de l'ordre et l'exécution des lois. »

Cet acte officialise et légitime l'engagement du gendarme pour son pays. Par la suite, ce dernier sera chargé à la fois d'assurer des missions de police judiciaire (constatation des infractions, recherche et l'interpellation des auteurs d'infractions à la loi pénale, enquêtes judiciaires), des missions de police administrative (sécurité publique, maintien de l'ordre, assistance et secours, circulation routière) et enfin des missions militaires (police militaire, missions de défense nationale, prévôté et participation aux opérations extérieures).

Autrement dit, la mission de la gendarmerie est multiple : elle assiste, aide, et protège nos concitoyens.

En 2009, la Gendarmerie nationale passe sous l'autorité du ministère de l'Intérieur. Ce rattachement a été effectué dans un souci d'efficacité et d'efficience budgétaire. Désormais, deux forces de l'ordre sont administrées par le ministère de l'Intérieur, une force civile, la Police nationale et une force militaire, la Gendarmerie nationale. Les deux forces demeurent néanmoins distinctes par leur statut, leur organisation et leur mode de fonctionnement.

La première différence s'établit tout d'abord sur le plan géographique. La Gendarmerie nationale est chargée de la sécurité dans les zones rurales et les zones périurbaines, alors que la Police nationale est chargée de la sécurité dans les zones urbaines. Les deux forces ont ainsi chacune une zone de responsabilité propre – appelée Zone Police Nationale, ou ZPN, pour la Police nationale, et Zone Gendarmerie Nationale, ou ZGN, pour la Gendarmerie nationale. La ZGN représente une zone peuplée par 55 % de la population française et couvre 94 % du territoire national.

Si la police nationale est organisée selon un schéma horizontal marqué par une forte spécialisation, et de grandes directions thématiques, comme la direction centrale de la sécurité publique, la direction centrale de la police judiciaire ou la direction centrale des compagnies républicaines de sécurité, la Gendarmerie nationale fonctionne quant à elle selon une logique verticale qui se caractérise notamment par la polyvalence de ses unités.

Les modes de fonctionnement des deux corps sont aussi différents. Le policier, civil, peut être syndiqué, et les syndicats de police, jouent un rôle important au sein de la police nationale et du ministère de l'Intérieur. *A contrario*, le gendarme, militaire, statut qui exige en toutes circonstances un esprit de sacrifice, ne peut pas être syndiqué.

La formation militaire que chaque gendarme reçoit lui fournit des cadres d'ordres qui le suivront toute sa carrière. Cette instruction nous permet non seulement de prendre en compte tout type de problèmes mais aussi nous amène à nous poser les bonnes questions qui nous permettent de mener à bien notre mission. Pour cela tout chef de détachement, équipe, groupe ou section, applique les principes énoncés dans le GRO, aussi appelé aussi méthode de raisonnement tactique, MRT. Depuis 1974, date de mon entrée en gendarmerie, l'appellation a changé mais l'esprit reste le même.

Son principal enseignement est que tout ordre intuitif est dangereux.

Toute action doit reposer sur un raisonnement simple mais systématique.

L'étude des éléments d'une mission relève du chef de détachement qui doit y associer les personnes spécialisées susceptibles de le renseigner. Cette étude sera plus ou moins approfondie en fonction de son niveau de responsabilité et du volume de son unité.

Le but de la MRT est l'apprentissage du raisonnement rapide, simple et efficace ; la décision doit être juste et utile ; l'exécution simple, rigoureuse et efficace compte tenu d'adaptations dues à l'imprévu.

Un chef ne peut pas résoudre un problème opérationnel sans avoir auparavant situé le cadre de l'action dans lequel il va agir.

Il doit envisager le type d'action à entreprendre et ses conditions légales d'application ; être informé du nombre et de la nature des unités qui l'entourent ; saisir l'atmosphère d'une situation, etc.

Il doit par ailleurs comprendre tout ce qu'implique la mission, les effets à obtenir sur l'ennemi et le terrain ; les délais et la marge d'initiative qui lui sont accordés, etc.

Il étudie le terrain et les délais de l'action, le cadre spatial et temporel, les zones favorables ou défavorables à son action.

Il ne doit pas négliger le défi ni son adversaire : ses positions, sa nature, son volume, son attitude, son armement ; ses renforts éventuels ; les manières dont il peut entraver son action, etc.

Il doit évaluer les moyens dont il dispose : ses appuis et renforts éventuels, leur comparaison aux forces de l'adversaire. Puis en déduire le lieu, le moment, les délais et les demandes qui permettront une supériorité temporaire.

La MRT est une méthode et un recueil d'exemples simples, proposant pour chacune des missions un exemple. Les chefs de détachement peuvent s'en inspirer, les étudier, retenir la forme, le vocabulaire et les expressions.

Pour réussir une mission, il faut se poser les bonnes questions. Celles qui vont permettre de ne rien oublier.

Quels sont l'objet et la nature de l'intervention ? Le type d'action envisagée est-il offensif ou défensif? Quel style d'action employer? Force ou souplesse ? Surprise et rapidité ou sûreté ? Quel est le cadre légal et réglementaire dans lequel s'inscrit l'action ? Quel est le cadre général de la situation ? Sa géographie, les contraintes de délais, l'adversaire ?

Quelle est la mission ? Quelle est l'intention du chef, son esprit ? Quel est le résultat à obtenir ? Quelles sont les modalités de l'ordre donné ?

Il convient de déterminer les limites et caractéristiques de la zone d'action : la localisation de l'objectif, sa nature et sa disposition ; le cadre rural ou urbain, intérieur ou extérieur, l'objectif isolé ou collectif, étendu ou limité : l'étude des abords immédiats de la cible et son approche par des reconnaissances, des cartes, de plans, films ou photos ; la végétation favorable ou défavorable à l'approche ; la qualité du sol, stable ou meuble, etc.

S'ensuit alors le choix d'un itinéraire, pour l'approche et le départ, pour l'infiltration et l'accès à l'objectif, le contournement d'obstacles susceptibles de gêner la progression et l'accès à l'objectif, l'étude des itinéraires de fuite éventuels de l'adversaire.

La population environnante doit être prise en compte, la réaction des voisins et de la population locale, l'identification de sympathisants éventuels de la cible, de membres de sa famille, la présence d'animaux sur le site ou sur l'itinéraire, le contact avec les autorités locales, la gestion de la presse, des photographes et des journalistes de télévision.

Enfin, il faut tenir compte des conditions climatiques.

À partir de quand la mission doit-elle commencer ? Pendant combien de temps va-t-elle durer ? Il convient d'analyser les contraintes horaires liées aux conditions légales, les heures légales pouvant varier selon le type d'intervention ; d'envisager d'éventuelles réactions, immédiates ou différées, à l'action ; de prendre en compte les délais imposés, l'adversaire, d'éventuels évènements extérieurs.

Une étude fine des délais nécessaires doit être menée pour la préparation, l'approche jusqu'à la base de départ, l'infiltration, la mise en œuvre d'une éventuelle diversion, l'intervention, la fouille et enfin la réarticulation (lorsqu'une opération s'achève, les membres des forces de l'ordre gèlent la zone d'intervention). La mission ne se termine que lorsque le site est sécurisé. Pour quitter cette zone, une réarticulation est nécessaire : un nouveau cadre d'ordre est donné pour informer le personnel intervenant et lui communiquer les éléments de départ. Parfois, une autre arrestation est prévue dans l'urgence. Dans ce cas, la réarticulation se fait pendant le trajet en utilisant les moyens radio – celle-ci est nécessaire dès qu'un imprévu survient et au moment de l'évacuation.

Quel est l'adversaire ? Quelles sont les caractéristiques de l'adversaire, son objectif et son potentiel ? Sa position est-elle localisée ou non ? La prise en compte d'éléments culturels, de ses antécédents, le volume de son dispositif et son organisation, son attitude, ses habitudes, son état d'esprit, son état physique, sa détermination, l'emprise éventuelle de substance psychoactives, ses armes, ses munitions, sa protection balistique, ses instruments, comme la vision nocturne, ses moyens de communication et d'alerte, radio, téléphone, caméra.

Quels sont les modes d'actions probables de l'adversaire ? Les manières dont l'adversaire peut s'opposer à la mission volontairement ou involontairement, ses obstacles et ses manœuvres, ses déplacements pour éviter sa localisation précise, ses tentatives de fuites, son emploi des armes ou le jet de projectiles, la présence d'otages, l'usage de l'incendie.

Quels effectifs et quelle articulation en groupes, cellules ou équipes choisir en fonction des tâches à assurer – appuis, couverture, collecte d'information ?

Le choix des personnels se fait en fonction de la règle des « 3 E » : l'enthousiasme – qualités morales et physiques ; l'entrainement – connaissances techniques ; l'expérience – les missions vécues, la particularité de la situation.

Il faut prévoir les effectifs nécessaires au renfort, à la collecte d'informations, à la diversion, au bouclage et à l'accompagnement ; tout comme il faut se coordonner avec les officiers de police judiciaire territorialement compétents et les unités spécialisées – surveillance, intervention, équipes cynophiles, recherche, démineurs, etc. ; les autorités judiciaires, administratives et militaires compétentes ; les services de secours – les infirmiers et médecin de l'unité, les pompiers, le SAMU.

Le matériel de l'intervention doit être soigneusement choisi en fonction de la mission, des techniques d'intervention, des obstacles à franchir, des ouvertures à réaliser.

Puis c'est l'ordre préparatoire définitif qui doit être donné, et le P.A.T.R.A.C.D.V.R. initial qui doit être amélioré (voir *supra*).

Les modes d'action possibles doivent être définis au regard de toutes les contraintes déjà évoquées, et confrontés aux modes d'action adverses.

Les « trois P » doivent être arrêtés : plan d'action, plan de secours, plan d'urgence.

Si la mission n'est pas réalisable, il en est rendu compte à l'autorité d'emploi. Si la mission est réalisable, elle est conçue et l'ordre initial est donné.

L'essentiel de l'art tactique consiste à inculquer aux chefs de détachement, les mécanismes à appliquer dans les missions envisagées, mais aussi l'expression claire et formelle à destination de leurs supérieurs, par comptes-rendus, et de leurs subordonnés, par les ordres et le commandement. Peu importe le medium, les ordres transmis doivent être clairs, précis et concis. Il est impensable que chaque unité possède un système particulier pour travailler. Aussi, ces ordres et compte-rendu obéissent-ils à un cadre rigide qui doit être le même pour toutes les unités, quel que soit leur échelon ou leur appartenance.

L'ordre initial doit clairement rendre compte de la situation.

Il s'agit de donner ici les éléments nécessaires pour que les subordonnés comprennent la logique de l'ordre donné.

L'exécution de l'ordre est régie par l'*intention* qui est une notion parfois difficile à saisir. Elle couvre toute la manœuvre et comprend un enchaînement logique de trois paragraphes qui traitent respectivement du but recherché – intention du commandant d'unité ; de l'objectif qui comprend un effet à réaliser sur le terrain ou sur l'adversaire, assorti de compléments d'espace de temps et d'attitude ; du scénario de l'action découpée en temps successifs ; le passage d'un temps à l'autre correspondant soit à une modification de l'adversaire, soit à un nouveau compartiment de terrain.

Contrairement à l'intention qui recouvre toute la manœuvre, la répartition des missions aux différents éléments ne couvre que le premier temps de l'intention.

Les missions se donnent sous forme d'un verbe assorti de compléments d'espace, de temps et d'attitude. Exemple : « En utilisant la lisière de gauche, reconnaître rapidement le carrefour X et tomber en garde au niveau du petit bois de sapins face à l'Est. »

Les mesures de coordination regroupent les éléments nécessaires à la combinaison des feux et des mouvements – élément chargé de l'ouverture du feu ; des feux entre eux – moment de la suspension ou de la cessation des tirs ; de la coordination espace/temps – mode de liaison entre les éléments ; des actions préparatoires ou postérieures à l'action proprement dite – limites avec les autres détachements.

La logistique comprend les unités d'alimentation et de feu à emporter, le lieu et l'heure de perception des recomplètements, qui sont l'équivalent des réapprovisionnements pour le matériel nécessaire.

Commandement, liaisons et transmissions doivent être bien ficelés : position initiale du chef, régime radio, appellations conventionnelles, liaisons à assurer avec les autres détachements, etc.

L'ordre de conduite ou ordre en cours d'action est donné soit à la fin d'un temps de l'intention pour exécuter le temps suivant, soit parce qu'un élément nouveau intervient. L'intention couvre toute la mission. La mission peut être exécutée par des actions découpées en temps successifs. L'ordre est donné soit à la fin de chaque action soit dans sa totalité. Il est préférable de donner un nouveau cadre d'ordre à la fin de chaque action. De nouveaux éléments peuvent surgir et demander une nouvelle stratégie. Caractérisé par sa brièveté et son style télégraphique, il comprend les rubriques de l'ordre initial concernées : situation nouvelle, mission nouvelle, exécution (intention, articulation, répartition des missions, place du chef).

L'ordre de conduite est normalement conçu pour être donné verbalement, face aux subordonnés, ou par radio. Plus le niveau de commandement est bas, plus le nombre de rubriques effectivement utilisées diminue.

Une carrière de commandement dans un groupe d'intervention doit être gouvernée par deux principes : « Commander, c'est répéter » et « la confiance n'exclut pas le contrôle ». Les subordonnés n'apprécient pas toujours que l'on mette en doute leurs compétences. Mais la responsabilité du commandement l'exigera toujours.

Le compte-rendu immédiat comprend les rubriques suivantes : *Je suis* (ligne atteinte par le détachement). *Je vois* (renseignements sur l'action adverse). *Je fais* (réaction en cours).

Et éventuellement : *Je vais faire* ou *Je compte faire* (réaction pouvant nécessiter une autorisation). *Je demande* (appuis, soutien, modification de missions, etc.).

L'ordre préparatoire est un premier ordre donné dès que la mission est reçue et que le cadre général de l'action a été compris par le chef de détachement. Un ordre définitif est donné à la fin de l'analyse GRO avant la rédaction de l'ordre initial par le chef de détachement. Concis et précis, il comporte les rubriques P.A.T.R.A.C.D.V.R. suivantes : Personnels désignés pour la mission ; Armement et munitions à emporter ; Tenues et protections des personnels ; Radio (préparation du matériel à emporter, vérification du bon fonctionnement) ; Alimentation en fonction de la durée probable de la mission ; Camouflage ; Divers : entre dans cette rubrique tout ce qui n'a pu être précisé ou dit dans les rubriques précédentes (F.O.L.E. : Franchissement, Observation, Liens, Effraction) ; Véhicules ; Rassemblement (horaire, délais).

Une intervention nécessite toujours l'exécution de gestes bien précis. Chacun de ces gestes a une signification très précise, répondant ainsi à un ordre explicite et défini. Ces ordres manuels revêtent une importance primordiale et vitale surtout si, par exemple, l'équipe d'intervention souhaite rester silencieuse.

Le GRO peut s'appliquer dans toute tâche de planification de la vie courante ou de toute vie professionnelle, puisqu'il permet de se poser les bonnes questions lorsqu'un problème ou un obstacle se présente. Il est arrivé que d'anciens membres du GIGN se retrouvent dans une entreprise privée. L'un d'eux a rejoint une grande entreprise et a fait partie de son comité d'entreprise. Son responsable lui demande un jour de faire une note de service qui doit planifier et donner des conseils pour une sortie de loisir en groupe, près d'un lac, du personnel de la société. Il l'a formulée en s'inspirant fortement du GRO. La clarté et le sens du détail de la note furent salués.

Les stress accompagnent en permanence toutes les forces d'intervention. Qu'est-ce-que le stress ? Le stress est l'ensemble des réactions mis en œuvre lorsque le sujet est confronté à des exigences et à des pressions professionnelles qui ne correspondent pas à ses capacités naturelles et qui remettent en cause son aptitude à faire face ou à remplir la mission. Le stress est la réaction normale face à une agression ou une menace. C'est une réaction qui peut devenir néfaste si elle n'est pas contrôlée. Personne n'y échappe. Le stress est utile. Il augmente la capacité d'attention. Il mobilise la mémoire, le jugement, la volonté, la combativité. Il améliore la prise de décision et favorise la performance dans l'action physique. Le stress peut être néfaste s'il est trop intense et excessif. Dans ce cas, il gêne les mouvements, il ralentit la prise de décision et peut déboucher sur une réaction inadaptée. S'il est répété ou prolongé, il épuise les réserves de l'organisme et débouche sur le stress dépassé. Le stress est toujours coûteux en énergie. C'est pourquoi il faut apprendre à en identifier toutes les manifestations. Maîtriser le stress nous permet aussi de le contrôler pour mieux y faire face.

Le stress ordinaire se manifeste physiquement par une tension musculaire et une accélération du rythme cardiaque. L'individu stressé a le teint pâle, les mains moites, la bouche sèche. En phase de stress, l'estomac est noué, nous sommes pris de nausée et nous avons un besoin fréquent d'uriner. Une modification du caractère et du comportement ainsi qu'une mobilisation de toutes nos capacités – attention, mémoire, volonté – peuvent être observées. Nous sommes tendus, en état d'alerte, inquiets et agités. Nous éprouvons des difficultés à nous endormir, notre sommeil est léger et le moindre bruit nous réveille.

Le stress excessif se caractérise par une maladresse dans certains gestes – maniement des armes –, une agitation fébrile, une anxiété empêchant la concentration et la prise de décision. D'autres signes spécifiques peuvent être observés comme une sensation d'abattement profond, de fatigue inexpliquée, une consommation excessive de tabac et d'alcool, mais aussi une tendance à l'isolement ou à l'insomnie.

Le stress dépassé, quant à lui, se détecte par une fuite en avant vers l'ennemi ou vers le danger, par une prostration, une sidération ou encore par une agitation désordonnée parfois dangereuse ou fatale.

Le GRO qui permet une analyse du terrain et de la situation, et sa bonne application, permettent ainsi au chef de groupe d'éviter toute exposition inutile de ses hommes au stress. En effet, lors d'une intervention, le chef de groupe sera toujours attentif à ne pas mobiliser l'ensemble de son personnel, surtout si la situation ne le justifie pas.

Le stress contrôlé est une arme.

L'apprentissage du stress contrôlé commence dès le début de l'instruction, par l'action des cadres de contact qui doivent susciter la confiance des subordonnés lors des entraînements collectifs. Les cadres montrent l'exemple : le chef de groupe et les chefs d'équipe sont ainsi présents sur le terrain en permanence.

La force d'un bon encadrement réside tout d'abord dans une connaissance approfondie de ses hommes, de leurs forces et de leurs faiblesses. Elle se manifeste également par l'exemplarité du comportement des cadres et par la sérénité des propos tenus envers leurs subordonnés, et notamment, la formulation de remarques positives et constructives.

Pour arriver à un tel niveau de confiance il faut renforcer la cohésion du groupe par une excellente qualité des relations entre les individus qui composent ce groupe. Un groupe est une forme de famille. Pour souder un groupe, il faut donc améliorer sans cesse la qualité de l'entraînement, pour que chacun de ses membres arrive à une totale et parfaite maîtrise des actes réflexes qui seront réalisés lors d'une intervention. En effet, une bonne acquisition des savoir-faire alliée à confiance mutuelle entre tous les membres d'un groupe sont les gages du succès d'une opération.

Que ce soit avant une intervention, à l'approche du combat ou d'une mission à risques, l'anxiété va croître sans pouvoir se libérer. Il faut donc absolument pouvoir contrôler ce stress pour maintenir la confiance en soi, la confiance dans le chef, la confiance dans les autres et ne pas risquer de fissurer la cohésion du groupe. C'est pourquoi le chef de groupe veillera à renforcer l'adhésion des membres du groupe à la mission. Pour parvenir à cet objectif, il s'appliquera à expliquer à l'ensemble des membres du groupe chaque étape de la mission en la détaillant. La proximité du danger soudant fortement le groupe, la solitude d'un homme ou le manque de cohésion du groupe face à une menace constitue un signal d'alarme.

Que l'on soit en pleine intervention, ou dans les moments qui la précèdent, l'action par elle-même va avoir pour effet de diminuer le stress et d'en améliorer son contrôle. C'est pourquoi il est important de canaliser le stress au sein du groupe en informant par exemple les hommes en permanence sur l'évolution de la situation.

Avant et après toute intervention un « débriefing » sera réalisé. Il permettra de faire un point de situation et d'analyser également toutes les phases de l'intervention. Le chef de groupe devra alors disposer d'un minimum d'information sur l'action que devront mener ses hommes. Ces débriefings pré-intervention et post-intervention permettront aussi de renforcer la crédibilité du chef, de souder le groupe autour de lui, et de rester concentré sur la mission. Cette attitude renforce la confiance et la cohésion. À la fin de la mission, si une sensation de fatigue intense et un sentiment de soulagement sont ressentis par les membres du groupe, le chef de groupe devra lui être à même de reconnaître et déceler les premières manifestations du stress post-intervention qui peuvent apparaître chez ses hommes. Et quand un membre du groupe vient à être blessé lors d'une intervention ou d'un entraînement, la bonne connaissance des éléments du groupe lui sera plus que nécessaire lors de son débriefing.

Si une intervention engendre des phases de stress, le « rire » fait partie intégrante de nos unités et de nos modes de vie. Il permet de se détendre et de faire en sorte que les hommes d'un groupe s'apprivoisent et s'apprécient davantage.

Le seul et unique moyen de contrôler ce sentiment de tension ou de stress, c'est l'entraînement. Plus une unité s'entraîne et plus elle dominera et gèrera ce stress. Les différents entraînements du GIGN se déroulent sur un terrain près de Paris. Ils nous permettent de réaliser de multiples exercices où les mises en situation sont proches de la réalité. Ces entraînements comportent notamment des progressions dans des bâtiments, des études de matériels – explosifs et armes –, des posés d'assaut à partir d'hélicoptères.

Ces entraînements collectifs répétés que nous appelons « drill » et qui permettent au groupe d'acquérir des automatismes, sont réalisés dans les mêmes conditions que lors d'une opération. Nous portons donc nos protections. Celles-ci pèsent plus de dix kilos, c'est pourquoi chaque homme du groupe veille à se maintenir en excellente condition physique. En intervention, non seulement le stress doit être maitrisé mais l'improvisation n'existe pas. L'assaut par le GIGN de l'avion de Marignane en est le meilleur exemple. Un groupe de huit gendarmes gravit la passerelle. Ce petit nombre permet d'éviter de se gêner et d'intervenir avec aisance. Ce n'est pas le nombre qui est important mais bien la compétence de chacun qui fait la force d'un groupe. Au GIGN, chaque homme connaît sa place dans le dispositif et sait ce qu'il a à faire. Quand le « top action » est donné au GIGN, rien n'arrête la colonne d'assaut. C'est un rouleau compresseur. Tout s'enchaîne comme à l'entraînement, même s'il faut analyser très vite la situation. Les entraînements réguliers et répétés que le GIGN réalise sur des avions, la connaissance parfaite qu'à le chef de groupe de chacun de ses hommes, le professionnalisme et la discipline qu'ont chaque gendarme au sein du groupe et envers leur hiérarchie, tous ces éléments ont permis, en 1994, à Marignane, de mener à bien l'un des assauts les plus spectaculaires de l'histoire du Groupe. Le GIGN est une grande famille de professionnels solidaires, prêts à donner leur vie pour sauver celles des autres.

C'est pourquoi, pour intégrer le GIGN, il faut non seulement beaucoup de maturité, mais il faut également être stable émotionnellement et surtout capable de gérer le stress. Chaque homme doit savoir travailler en équipe. En intervention, comme à l'entrainement, c'est le groupe qui fait la force, c'est pourquoi il est important que chaque membre du groupe puisse conserver une lucidité et une capacité d'analyse. Nous avons parfois moins d'une fraction de seconde pour réagir. Être prêt physiquement est nécessaire mais pas suffisant pour être performant. Et pour cela, nul besoin de surhommes bodybuildés. Les hommes qui composent cette unité d'élite ont un discours posé, et une méthode de raisonnement qui l'est tout autant. D'où la sérénité qui se dégage chez tous ces gardiens de la France.

Le 23 janvier 1978, à la prison de Clairvaux, deux détenus réussissent à s'enfuir : ils prennent en otage le sous-directeur de la prison et deux gardiens, après en avoir blessé un troisième. Ils sont armés d'un pistolet automatique 7,65 mm et de couteaux, et les forces de l'ordre les soupçonnent de détenir une grenade. Les détenus se sont retranchés dans un mirador de surveillance.

En 1971, la prison avait déjà connu une prise d'otages et celle-ci s'était terminée dans un bain de sang : deux otages avaient été égorgés par deux détenus.

Ce jour-là, donner l'assaut par l'intérieur de la tour semble impossible ; les détenus risquent d'exécuter leurs otages en représailles, et à cela s'ajoute une difficulté supplémentaire : les deux détenus n'apparaissent jamais plus d'une seconde à la fenêtre, et rarement en même temps. Le capitaine Prouteau rend compte de la situation au préfet qui lui donne carte blanche pour agir.

Six tireurs sont mis en place sur le toit de la centrale. Après une heure d'attente, les tireurs sont en mesure de faire feu : les têtes des deux détenus apparaissent au même instant à la fenêtre du mirador. L'ordre de faire feu jaillit de la bouche du capitaine. Les deux hommes sont abattus dans l'instant. Les trois armes qui firent feu n'ont émis que le bruit d'une seule détonation. Les otages ne se rendent compte de rien et prennent peur en voyant s'effondrer les détenus. Cédant à la panique, ils tentent de se jeter par la fenêtre du mirador au risque de se tuer. L'équipe d'assaut investit les lieux et les retient *in extremis*.

Ce jour-là, le GIGN a employé pour la première fois le *code de tir*.

Le tir est l'entraînement le plus important au GIGN. L'arme reste l'ultime recours face à un danger. La maîtriser est donc primordial. Tous nos exercices réalisés à balles réelles, donc le proche possible de la réalité, nous permettent d'aborder plus sereinement les diverses interventions.

En intervention, il m'est arrivé plusieurs fois de ne pas avoir à sortir mon arme de mon étui, lorsque le scénario d'une arrestation était tellement minutieux que son usage en devenait inutile.

Lors d'un assaut, nous avons besoin d'un armement varié. Cet armement est réparti entre chacun des membres du groupe. Il faut par exemple qu'au moment d'appréhender un individu, un ou deux gendarmes aient les mains libres pour pouvoir littéralement mettre la main dessus.

Devant un jour interpeller un individu recherché pour meurtre, nous constatons qu'il ne se trouve pas à son domicile. Le chef de groupe désigne alors mon équipe pour rester dans l'appartement voisin et dans lequel se trouve une amie de la personne recherchée. Celle-ci, susceptible de revenir à tout moment, devait être attendue par trois gendarmes, armés de leurs revolvers et d'un *riot gun*. Après quelques heures d'attente dans la pénombre, la sonnerie de la porte retentit.

Je regarde discrètement par le judas de la porte et j'aperçois l'individu recherché. Je fais signe à mes camarades pour les avertir. Nous avions convenu qu'une fois la porte ouverte, j'agripperai la cible pour la déséquilibrer et la faire trébucher dans le couloir. J'avais les mains libres avec l'un de mes camarades. De nous trois, un seul avait son arme en main. Surpris, l'homme que nous voulions arrêter n'a pas le temps de réagir et il est maitrisé et menotté en deux secondes sans le moindre usage de nos armes.

Pour l'entraînement au tir à longue distance, j'étais équipé d'un fusil à répétition modèle F1 (FR-F1), et pour le tir de précision, j'utilisais une lunette Zeiss. Pour cela, nous nous entraînions deux fois par semaine. L'entraînement du tir à deux-cents mètres se faisait à Versailles ; pour les cibles plus éloignés, nous allions au stand de l'armée de terre de Rambouillet.

Les séances débutaient toujours par cinquante cartouches de tir de précision. Le résultat de nos tirs se situait entre 97/100 et 100/100 – un score de 100/100 valant les félicitations de tous les camarades. Une fois ces premières séries effectuées, nous passions à l'entraînement au tir opérationnel, celui des situations réelles, mouvantes, imprévues, celui qui est régi par le *code de tir*.

En s'appuyant toujours sur un scenario imaginaire mais réaliste, le responsable de la séance nous confrontait à de plausibles situations d'intervention, nous efforçant à simuler les conditions les plus proches possibles de la réalité d'opérations à venir, et cela exigeait la maîtrise du tir simultané : il a pour objectif la neutralisation d'une ou plusieurs cibles dans un temps extrêmement réduit puisqu'impérativement inférieur à une seconde. Pour obtenir la simultanéité du tir, il est nécessaire que tous les snipers utilisent un code, une manière de se régler entre eux, de se coordonner. Celui-ci n'est autre que l'ensemble des commandements donnés par un directeur de tir et auquel doivent répondre les tireurs, et, bien entendu, ces commandements peuvent varier en fonction des interventions et des situations. Sa réussite se mesure aisément puisqu'elle ne se manifeste que par une détonation unique – on ne doit entendre qu'un seul coup de feu quand bien même plusieurs personnes tirent, et cette perfection est recherchée sans relâche pendant les entraînements.

L'ouverture du feu au GIGN est extrêmement réglementée, et requiert impérativement l'ordre du chef de groupe. Tout coup de feu doit avoir un dessein précis et déterminé, et seul un observateur-tireur, positionné en retrait, pour assurer la sécurité de ceux qui montent l'assaut peut ouvrir le feu de sa propre initiative, lorsque les circonstances et l'urgence l'exigent.

Plus généralement, les gendarmes comme toute personne peuvent bénéficier de la légitime défense, qui est l'autorisation légale de faire cesser une agression contre soi-même ou autrui. Elle permet donc aussi aux forces de l'ordre d'ouvrir le feu sans ordre du commandement.

Suivre le code de tir, c'est impérativement respecter certaines règles.

Le tir exige une concentration inébranlable et un entraînement acharné. Les ordres d'ouverture du feu peuvent être donnés de vive voix lorsque le dispositif le permet ou sinon par radio. Une fois les tireurs déployés sur un théâtre d'opérations, chacun d'eux se voit attribué un numéro. Dans l'exercice qui consiste à neutraliser plusieurs personnes en même temps, ce procédé empêche ainsi toute ouverture de feu désordonnée.

L'entraînement permet au chef de groupe d'accoutumer ses hommes à son élocution qui se doit d'être calme et distincte, et de ton égal – sauf pour le commandement « feu », qui est un ordre absolument impératif. Les tireurs doivent donc prendre la mesure du son et du rythme de la voix de leur chef de groupe, apprendre à répondre calmement aux ordres par radio, distinctement et sans précipitation. En général, chaque tireur attend deux secondes après la réponse du tireur précédent à un ordre diffusé, pour à son tour s'exprimer. Ces deux secondes sont mises à profit par le directeur de tir ou par les tireurs pour intervenir en cas d'incident, qui se matérialise généralement par l'annonce de l'ordre « halte au feu ».

Lorsque le tireur numéro 1 annonce : « prêt », cela veut dire que son arme est prête à ouvrir le feu, que le canon est propre et sec, que la détente a été testée par un coup à sec, que la sûreté a été retirée et que la cible est dans sa ligne de mire sans l'entrave du moindre obstacle. La cartouche est dans la chambre du fusil. Le chargeur est garni, engagé et verrouillé. Le bipied est réglé avec le dévers corrigé. La distance est mesurée et évaluée pour que soient effectués les réglages de la lunette de précision. La position du tireur est stabilisée et son doigt placé le long du pontet – la protection de la détente. Enfin, les essais radios ont été effectués.

Trois cas se présentent alors : tous les objectifs sont visibles, un objectif n'est visible que par intermittence (soit plus de cinq secondes, soit moins de cinq secondes) ou plusieurs objectifs ne sont visibles que par intermittence.

Dans le cadre d'un ouvrage destiné au grand public, il n'est possible que de révéler la manière de procéder pour le premier cas : le directeur de tir annonce : « tireurs, passez le code ». Chaque tireur annonce alors dans l'ordre des numéros attribués : « numéro X, prêt. » et pose le doigt sur le pontet de son arme. Lorsque le dernier tireur a fait cette annonce, le directeur de tir prononce : « top ». Immédiatement, chaque tireur communique son numéro et pose son doigt sur la queue de la détente de son arme. Après que le dernier numéro du dernier tireur a été énoncé, le chef de groupe annonce : « zéro », après avoir attendu quelques secondes pour ne pas précipiter le tireur s'étant annoncé en dernier. Après l'annonce « zéro », chaque tireur rattrape le jeu de la détente de leur arme et bloque sa respiration. Trois secondes après avoir annoncé « zéro », le responsable annonce « feu ». Les tireurs ouvrent le feu tout en continuant à observer l'objectif et introduisent sans tarder une nouvelle cartouche dans leur fusil. Une seule et unique détonation doit avoir été perçue.

Si un tireur, en rattrapant le jeu de sa détente, déclenche un tir au moment du « top », alors dans ce cas précis, tous les tireurs ouvrent le feu.

L'ordre « halte au feu » peut-être est annoncé par le directeur de tir s'il estime que le tir n'est plus nécessaire ou si le déroulement du code de tir est insatisfaisant – un tireur ne répond pas, l'ordre numéroté n'est pas respecté, la radio ne fonctionne pas, etc.

Cet ordre peut également être prononcé par un tireur si son objectif disparaît, s'il n'est plus prêt ou s'il a un doute sur le fonctionnement de son arme. Après un ordre « halte au feu », le directeur de tir doit obligatoirement réorchestrer la procédure du code de tir depuis le début.

Après une ouverture du feu les tireurs restent en position.

Une opération n'est terminée que lorsque l'ordre est donné à la radio par le responsable de l'intervention.

MOHAMMED MERAH OU LE TERME DE SEIZE ANS SANS ATTAQUE ISLAMISTE EN FRANCE (1996 – 2012)

Mohammed Ben-Allal Merah, le père de Mohamed Merah, est né en 1942 à Souagui en Algérie. Il arrive en France en 1966 et devient ouvrier à la fonderie de Muret. Divorcé deux fois, il a déjà sept enfants lorsqu'il rencontre Zoulikha Aziri, née en 1957, à Beni Slimane, en Algérie, qu'il épouse en 1975. Zoulikha s'installe en France au printemps 1981. Les parents de Mohammed Merah divorcent en novembre 1993, lorsqu'il a cinq ans.

En 2000, Mohammed Ben-Allal Merah est condamné à cinq ans de prison pour trafic de cannabis et, en 2001, à neuf mois supplémentaires pour subornation de témoins. Il est incarcéré de 1999 à 2003. L'année suivante, il repart définitivement en Algérie. Il s'y remariera deux fois. La mère de Mohamed Merah, sans profession, épousera quant à elle en secondes noces, Mohamed Essid, un Tunisien naturalisé français, père du djihadiste Sabri Essid, demi-frère par alliance de l'assassin d'enfants.

Celui-ci naît le 10 octobre 1988 à Toulouse et possède la nationalité française et algérienne. C'est dans la Ville rose qu'il passe sa petite enfance, dans un pavillon où sa famille a emménagé en 1987. Il grandit dans un climat de violence conjugale et de haine religieuse, notamment envers les juifs. Face aux violences de son conjoint, Zoulikha, la mère de Mohamed Merah se réfugie avec ses enfants pendant six mois dans un foyer. Le divorce prononcé, elle déménage et s'installe avec sa progéniture dans un appartement situé près du centre-ville. Merah supporte très mal l'éclatement familial. Suite à cette séparation, il passe d'ailleurs beaucoup de temps seul. Dès le mois de novembre 1995, les services sociaux s'inquiètent déjà de l'environnement familial du futur terroriste, particulièrement violent et chaotique.

À l'âge de six ans, Mohamed est placé dans une famille d'accueil et séparé de sa mère. En août 1997, il est admis dans une maison d'enfants à Toulouse où il passera un an. Ses instituteurs le décrivent comme un enfant d'aspect triste mais ouvert, intelligent mais sujet à des crises de violence incontrôlée. Sa scolarité est parsemée de redoublements, de sanctions et d'exclusions. En 2000, il entre au collège. Un de ses professeurs décèle chez l'enfant turbulent un réel talent pour les arts plastiques, mais ses absences et son attitude le desservent. Il poursuit ainsi difficilement ses études. Après avoir préparé un CAP en carrosserie, il décroche un emploi. Il est licencié au bout d'un an. En septembre 2006, il retrouve du travail. Si son nouveau patron l'apprécie, celui-ci doit cependant le rappeler à l'ordre car le jeune homme manque de ponctualité. Il s'ensuit une multitude de comportements violents. En octobre 2007, à l'occasion d'un *home jacking*, il percute à 180 km/h un véhicule du Peloton de Surveillance et d'Intervention de la Gendarmerie nationale (PSIG) de

Colomiers, à l'entrée de Toulouse. Deux gendarmes sont blessés. Il se vante de cette course-poursuite où il réussit à s'enfuir. En décembre 2007, il est condamné à dix-huit mois de prison ferme pour vol avec violence sur une personne âgée dans le hall d'une banque.

Durant le siège de son appartement, Mohamed Merah se présentera aux policiers comme un « autodidacte de l'islam » qui a lu le Coran « seul en prison ». En effet, sa radicalisation remonterait à 2008 lorsqu'il effectuait à cette époque un séjour en prison. Comme il le précisera, c'est le 18 février 2008, en arrivant à la gendarmerie où il a été convoqué pour s'expliquer au sujet d'une affaire dans laquelle il est mis en cause, qu'il invoque Allah et l'appelle à venir à son secours. Merah est persuadé qu'Allah le protège. Depuis ce jour-là, sa pratique de la religion sera désormais assidue : durant son incarcération, il suit des cours religieux, et persistera dans cette voie, une fois libre, en recevant une instruction religieuse dans une école coranique de Toulouse. L'administration pénitentiaire, qui ne lui accorde pas d'attention particulière, ignore qu'il est fiché S depuis 2006.

En février 2009, il écrit à son frère Abdelkader pour lui faire part de sa foi renforcée durant son séjour en prison, de son engagement total, et de la vengeance d'Allah contre « les mécréants » qu'il prépare pour sa sortie de prison.

15 février 2012.

Mohamed Merah passe à l'action. Il vide son compte bancaire et achète, le lendemain, une caméra GoPro[1].

6 mars 2012.

Il vole avec l'aide de deux complices un scooter TMAX 530 à Toulouse. Il achète une cagoule chez un concessionnaire moto à qui il demande, sans succès, comment désactiver le système de géolocalisation d'un scooter TMAX. Auprès de voyous, il achète pour vingt-mille euros d'armement. Son arsenal se compose d'un pistolet-mitrailleur Sten, d'un revolver Python, d'un fusil à pompe, d'un pistolet-mitrailleur Uzi et de trois pistolets automatiques Colt 45 – 11,43 mm.

11 mars 2012, vers 16 heures.

Imad Ibn Ziaten, un sous-officier du 1er Régiment du train parachutiste, a rendez-vous à proximité d'un gymnase de la cité de l'Hers, à Toulouse, avec un homme qui souhaite lui acheter sa moto. Merah arbore sa caméra GoPro. Après avoir identifié le vendeur comme étant militaire, le faux acheteur sort une arme et vocifère :

« Mets-toi à plat ventre ! Je ne rigole pas, mets-toi à plat ventre ! »

Le militaire refuse :

« Tu ranges ça tout de suite. Je ne me mettrai pas à plat ventre. Tu dégages. Je ne me mettrai pas à plat ventre, je reste. »

1 Appareil vidéo mains-libres permettant de se filmer en action.

Le soldat reçoit un nouvel ordre, il répond :

« Tu vas tirer ? Vas-y, ben tire. »

Merah l'assassine d'une balle de 11,43 mm dans la tête, tirée à bout portant. Il tire une deuxième fois et remonte sur son scooter. Après quelques mètres, Mohamed Merah revient récupérer une douille sur les lieux de son crime et lance à sa victime :

« C'est ça, l'islam, mon frère : tu tues mes frères ; moi, je te tue. Il a rejoint l'ange de la mort ; je n'ai pas peur de la mort. »

Il convient ici de rendre hommage à Imad Ibn Ziaten, à son esprit, sa dignité et son courage de parachutiste et de combattant, qui n'a pas failli devant l'ennemi.

15 mars 2012, vers 14 h 10.

À Montauban, un individu arrive en scooter. Il est casqué. Il s'arrête à hauteur d'un distributeur de billets de la Société Générale, située près de la caserne Doumerc, et devant lequel se trouve un groupe de militaires. L'individu descend de son scooter, bouscule une personne âgée, sort une arme de poing et tue un premier militaire, Mohamed Farah Chamse-Dine Legouad, du 17ème régiment du génie parachutiste, alors qu'il était en train composer son code bancaire. Il vise ensuite le caporal Loïc Liber qui tente de prendre la fuite en direction d'un centre commercial, mais qui s'effondre, abattu d'une balle dans la tête et d'une autre au thorax. Le tueur recharge son arme et touche un dernier parachutiste, le caporal Abel Chennouf qui tente lui aussi de s'échapper en rampant. Le terroriste s'approche de sa victime, la retourne et l'achève. Dans le champ de sa caméra GoPro, il fait le chiffre trois avec sa main, pour indiquer le nombre de ses victimes avant de déguerpir en hurlant « *Allahu akbar !* » Il est pris en chasse par un adjudant-chef qui essaie, sans succès, de le faire trébucher de son deux-roues. Merah abandonne dans la bataille des étuis et un chargeur.

Le soir même, il invite sa sœur Aïcha et son frère Abdelkader à partager une pizza et à boire un verre. Il se montre anormalement affectueux, laissant peut-être présager des adieux.

17 mars 2012.

Il passe la soirée dans une discothèque fréquentée par les jeunes des cités toulousaines.

19 mars 2012, vers 8 heures.

Il gare son scooter Yamaha TMAX devant l'établissement scolaire juif Ozar Hatorah situé dans un quartier résidentiel de Toulouse. Il est casqué. Armé de son 11,43 et d'un pistolet mitrailleur de type mini-Uzi, il ouvre le feu sur un groupe de personnes devant l'établissement. Un enseignant et ses deux enfants sont tués. L'arme s'enraye. Le terroriste en sort une autre et fait irruption dans la cour de l'école. Il met à terre la fille du directeur âgée de huit ans, lui tire les cheveux et lui loge une balle dans la tempe, avant de reprendre la fuite en scooter après avoir blessé de deux balles un adolescent qui se réfugiait dans sa chambre.

À 10 h 49 et à 12 h 02.

Mohammed Merah reçoit deux appels téléphoniques de la DCRI, devenue aujourd'hui la DGSI, et dont la teneur nous est inconnue. Nous savons désormais que le renseignement intérieur était bel et bien en contact avec le tueur et qu'ils communiquaient régulièrement entre les mois d'octobre 2011 et mars 2012.

L'après-midi de cette tuerie, il joue au football avec des enfants et finit encore une fois la soirée dans une boîte de nuit toulousaine.

D'après l'enquête, le même pistolet semi-automatique Colt 45 de calibre 11,43 a été utilisé pour les trois attentats. L'arme a été retrouvée le 21 mars 2012 dans une Clio garée dans un box. Mohammed Merah est identifié le 19 mars 2012 comme le principal suspect des attentats. Il est confondu par l'adresse IP de sa mère, qui fait partie des cinq-cent-soixante-seize identifiants à s'être connectés à la petite annonce passée par la première victime sur le site *Leboncoin.fr*. Il est localisé chez lui par des policiers mais Merah les repère et, malgré leur surveillance, réussit à disparaître avant l'arrivée du RAID, en passant vraisemblablement par les sous-sols de son immeuble.

19 h 30.

Il remet un sac contenant la caméra GoPro ainsi qu'une perruque à une amie, et lui précise :

« S'il m'arrive quelque chose, donne ce sac à ma mère. »

Une clé USB contenant ses prises de vue sera retrouvée dans la poche de Mohammed Merah après son décès. Une autre clé USB sera envoyée par la poste le 21 mars 2012 aux bureaux parisiens d'Al Jazeera.

00 h 22.
Mohamed Merah appelle Al Jazeera Paris, BFMTV, iTélé et France 24.

1 heure.
Il regagne son domicile.

3 heures.
Le RAID se met en place autour de son appartement, situé au 17, rue du sergent Vigné, à Toulouse.

3 h 15.
Le RAID emploie un bélier pour défoncer la porte de l'appartement dans lequel il est retranché. Celle-ci ne cède pas aux coups portés par les policiers d'assaut, et le bruit réveille inévitablement le tueur. Il se lève et tire immédiatement à travers la porte d'entrée sur les policiers qui n'ont pas encore positionné leur bouclier de protection. Deux policiers sont blessés.

9 h 20.
Merah demande un moyen de communication avec la police. Les forces de l'ordre acceptent qu'un *talkie-walkie* lui soit fourni uniquement à la condition qu'il abandonne une de ses armes en échange. Ce sera un Colt 45 qu'il cèdera en le balançant par sa fenêtre.

14 h 15.
Le président de la République Nicolas Sarkozy se rend dans une caserne située à une centaine de mètres du domicile de Merah. Il s'entretient avec les policiers et les magistrats en charge des opérations pour faire un point sur la situation. Durant les négociations, Mohammed Merah déclare avoir agi en qualité de « combattant d'Al-Qaïda, pour défendre les enfants palestiniens ». Il critique l'intervention de l'armée française en Afghanistan. Dans un premier temps, il souhaite se rendre aux policiers, puis se ravise dans la soirée, préférant mourir les armes à la main. Selon le patron du RAID, « il ne souhaitait que se reposer pour mieux nous affronter ».

22 h 45.
Merah ne donne plus de signe de vie.

De minuit à 6 h 40.
Les policiers lancent des grenades à intervalles réguliers près de ses fenêtres. Pour se protéger de l'effet des explosions, Merah se protège en se retranchant dans le bac de sa douche, et s'entoure de coussins.

10 h 30.
Après un siège de trente-deux heures, les policiers décident de donner l'assaut.

11 h 25.
Les policiers commencent à percer le mur de la salle de bains pour envoyer du gaz lacrymogène. Les dégâts

du premier assaut échoué y ont provoqué une fuite d'eau ; le niveau d'eau a déjà atteint trente centimètres. Mohammed Merah surgit de la petite salle de bains. Il est vêtu d'un gilet pare-balles, d'une *djellaba* noire et d'un jean, et charge les hommes de l'unité d'élite de la police. Trois-cents coups de feu sont échangés dont une trentaine tirés par le terroriste. Merah tente alors de s'échapper par le balcon tout en ripostant sur les policiers. Ce choix lui sera fatal puisqu'il est immédiatement mortellement atteint à la tête par un tireur d'élite posté à l'extérieur du bâtiment.

Cinq policiers sont blessés.

Dans l'assaut de l'appartement de Merah, l'élément capital de l'intervention est l'absence d'otages. Nous sommes en face d'un individu très dangereux et armé. Comme pour toute intervention, l'objectif est d'appréhender l'individu vivant afin de le remettre ensuite aux autorités judiciaires.

Et pour arriver à ce résultat, tous les moyens techniques mis à notre disposition doivent être utilisés. La méthode d'intervention de base est toujours la même :

Tout d'abord évacuer les locataires qui se trouvent à proximité de l'intervention, puis, procéder à la mise en place d'un périmètre de sécurité, large, pour éviter les dommages collatéraux car l'individu suspect détient peut-être de l'explosif.

Ensuite, il faut déployer des tireurs-observateurs. Dans le cas de l'appartement de Mohamed Merah, la reconnaissance est facile à effectuer. Le studio se trouve dans un immeuble au rez-de-chaussée surélevé.

Deux issues permettent d'y accéder : la porte d'entrée et le balcon.

La configuration du siège de l'appartement Merah requiert idéalement dix-sept hommes, ce qui est suffisant pour quadriller un si petit espace, déployés ainsi : deux binômes tireurs-observateurs sont positionnés face au balcon. Une première équipe de cinq personnes (un chef d'équipe et deux binômes), avec un bouclier se place à proximité du balcon. Ils sont sous la protection des tireurs. Une deuxième équipe – l'équipe d'assaut composée de sept éléments, un chef de groupe et trois binômes – se place à proximité de la porte de l'appartement. La troisième équipe – l'équipe cynophile – se place quant à elle à proximité de l'équipe balcon. Protégés par un bouclier, les spécialistes explosifs positionnent la charge contre la porte de l'appartement.

Une fois tous ces éléments pris en compte, la négociation doit être privilégiée avant toute intervention – plus de 80 % des situations pour lesquelles le GIGN a été appelé à intervenir ont été résolues par la négociation.

Symbolique de la devise forte du GIGN : « Répondre à la force par la souplesse », le gendarme négociateur cherchera toujours à mettre fin à une crise en évitant tout épanchement de violence, d'autant plus qu'il a toujours passé un certain temps dans une équipe d'intervention avant de rejoindre la cellule des négociateurs et connaît la terrible violence des confrontations armées. Cette expérience permet une bonne synergie entre ceux qui interviennent armes à la main et ceux qui tentent de raisonner les individus hostiles par la parole, dans le but de toujours faciliter et réduire les risques des interventions. Pour avoir moi-même négocié avec des forcenés, je sais qu'un individu qui accepte de parler est une personne nécessairement malléable.

Comme le rapporteront les autorités, bien que retranché dans son appartement, Mohamed Merah échange et s'exprime avec les policiers. Il y avait donc bien une possibilité de négocier avec Mohamed Merah. A-t-elle été pleinement exploitée ?

Si la mise en place nocturne des équipes d'assaut nécessite beaucoup de précaution, la nuit est un élément favorable pour l'intervention. Un individu retranché, acculé et aux abois, finit toujours par montrer des signes implacables de fatigue. Nul n'est surhumain et peut tenir trente-heures d'affilée sans ressentir le moindre coup de fatigue.

Depuis 2007, le GIGN réformé possède même une cellule effraction. Experts en explosifs, les gendarmes de cette cellule – tous anciens opérationnels ayant suivi la formation NEDEX – sont prêts, à tout moment, à placer des charges explosives afin de permettre l'assaut du groupe d'intervention.

Ayant fait le stage de neutralisation des explosifs, j'étais souvent préposé à la pose du « Sésamex », explosif adhésif très performant. L'explosif a l'avantage de produire une détonation qui traumatise les individus. Ce bruit assourdissant est en général instantanément suivi de l'irruption de l'équipe d'assaut.

Dans le cas Merah, le studio étant petit, il est inutile de faire un assaut mixte, balcon et porte d'entrée. En effet, les deux équipes risquent de se tirer dessus.

Par ailleurs, si la fenêtre du balcon est ouverte, nous avons la possibilité de lancer le chien à l'assaut dans un nuage de fumigène ou de lacrymogène. Les maîtres-chiens entraînent souvent leurs chiens dans des conditions viciées. L'individu est aveuglé ou gazé, mais le chien, lui, fonce sur son objectif. Les chiens d'assaut du GIGN sont en effet capables d'accomplir des missions opérationnelles, que ce soit sous les explosions ou les gaz lacrymogènes. Rigoureusement sélectionnés à la suite de nombreuses épreuves, ces chiens d'assaut sont de véritables atouts en intervention.

L'appartement étant situé en rez-de-chaussée surélevé, il est facilement accessible. On peut donc aussi utiliser un disperseur lacrymogène portatif. Il a l'allure de deux bouteilles de plongée ; une bouteille est remplie d'air comprimé et l'autre de produit lacrymogène pur. La pression d'éjection est de huit bars. En fixant des rallonges modulables sur ces disperseurs lacrymogène portatifs, nous pouvons alors atteindre des distances de plusieurs mètres. Comme la dispersion de gaz est rapide, on peut associer à l'utilisation de ce disperseur celle de grenade à main du même type. Lors d'une intervention passée, il est arrivé que nous gazions un appartement situé au deuxième étage. Un individu s'était précipité sur le balcon. Heureusement, une équipe y était positionnée et a empêché qu'il ne se jette dans le vide. À très haute dose, même avec une fenêtre ouverte, l'effet du gaz est immédiat.

Le 23 mars 2012, le permis d'inhumer de Mohamed Merah est signé par le procureur de la République de Toulouse. Son père décide qu'il sera enterré en Algérie, pour éviter que « sa tombe soit saccagée », mais la commune de Souagui refuse l'inhumation. Ses obsèques sont organisées le jeudi 29 mars 2012 à 17 heures dans un carré musulman d'un cimetière près de Toulouse.

La présence du président de la République est compréhensible, alors même que l'intervention a lieu en province. En effet, depuis l'affaire Human Bomb, ce président a tissé des liens d'amitié avec le RAID, à ce point exclusifs et privilégiés que, dès son arrivée à l'Élysée, le Président avait immédiatement remplacé les gendarmes du GSPR[1] par des policiers.

Concernant l'affaire Mohamed Merah, les policiers du RAID eux-mêmes, lors de leurs conférences de presse, précisent que le terroriste terré dans l'appartement avait entendu l'arrivée des policiers dès l'instant où ceux-ci avaient actionné l'interrupteur de la lumière du couloir de l'immeuble. Merah savait qu'il était surveillé par les policiers et était sur ses gardes.

Si la pénombre est un atout lors d'un assaut, lorsque l'on investit un immeuble, un laser et une lampe sont

1 Après avoir créé le GIGN en 1974, le colonel de gendarmerie Christian Prouteau crée le Groupe de sécurité de la présidence de la République (GSPR) qui sera mis en place par le décret n° 83-14 du 5 janvier 1983.

disposés sur nos armes. La discrétion et l'emploi de l'explosif restent les meilleurs moyens pour surprendre un individu. Avec les moyens techniques que possède une unité d'intervention, il est difficile de comprendre les raisons d'une telle durée du siège du domicile d'un suspect.

Si lors du premier assaut du RAID, le terroriste a repoussé le bouclier, dès lors que l'assaut est donné, il faut aller jusqu'au bout. Même un blessé ne doit pas arrêter l'élan du groupe. Le bouclier et notre équipement – gilet et casque pare-balles – nous permettent d'atteindre notre objectif dans les meilleures conditions. Après les trente-deux heures de siège, je garde l'image de cette photo sur un journal : plus de trente policiers qui reviennent non pas d'une intervention réussie mais d'une séance de tir sur un terroriste. L'Institut médico-légal de Toulouse révèlera d'ailleurs que Merah a reçu au moins vingt projectiles dans le corps ! Les bras et les jambes sont touchés, et seuls deux tirs ont été mortels, l'un sur le côté gauche du front, l'autre dans l'abdomen.

La configuration du lieu d'intervention ne nécessitait l'emploi que d'une vingtaine de policiers, tout au plus. Le fondateur du GIGN s'étonnait à ce propos de l'absence d'utilisation de gaz lacrymogène lors de l'assaut.

Cette opération a manifestement été menée sans schéma tactique précis.

Les avocats des parties civiles et les trois juges d'instruction chargés du dossier Merah « n'excluent aucune piste de complicité ou de réseau en France et à l'étranger ». Voilà pourquoi il est toujours primordial de prendre ces terroristes vivants pour pouvoir ensuite donner à la justice et aux forces de police et de gendarmerie la possibilité de remonter les filières djihadistes, meilleur moyen de prévenir les attentats en préparation ou futurs.

À la suite de l'opération menée par le RAID, douze Légions d'honneur sont décernées. À titre de comparaison, lors de la prise d'otages de Marignane, le 24 décembre 1994, où deux-cent-vingt-neuf otages ont été libérés, une seule Légion d'honneur a été décernée à l'adjudant-chef Thierry Prungnaud qui est entrée le premier dans le poste de pilotage.

Cette opération contre Mohamed Merah a contribué à durablement ternir l'image du RAID auprès de la communauté des spécialistes de l'intervention. Des experts de bien des pays, comme Israël, la Russie, le Brésil ou l'Algérie, peinent à comprendre la stratégie employée et la logique de cette opération. Les Américains et les Anglais se sont abstenus de la commenter.

« Qui attend trente heures quand il n'y a pas d'otages ? Toute l'opération ressemble à une démonstration de stupidité », a déclaré Alik Ron, ancien chef de l'unité d'intervention de la police israélienne et des forces spéciales de parachutistes israéliens. Un ancien officier des commandos israéliens considère lui aussi que « ce n'est pas comme cela que se comporte une unité professionnelle pour combattre le terrorisme ». Les spécialistes de l'État hébreu, dont le pays est en proie à ce genre de situations, ont qualifié l'assaut du RAID français « d'échec opérationnel ».

Des spécialistes russes sont tout aussi unanimes. Selon eux, « le tueur a fait preuve de plus de détermination et de combativité que les hommes du RAID », puisque d'après la version livrée par le patron du RAID, Mohamed Merah est non seulement allé à l'assaut des hommes du RAID mais leur a imposé son rythme et même un retrait provisoire. Puisque le premier assaut du RAID a été repoussé, pour les Russes, il va sans dire que cette résistance farouche est considérée comme un haut fait de guerre et servira de motivation puissante et de modèles à de futurs émules du Toulousain.

L'assaut du RAID contre le jeune forcené toulousain fut également disséqué par les forces spéciales de la police brésilienne pour lesquelles l'opération fut émaillée d'actions relevant de l'amateurisme : des policiers « choqués », trois-cents balles de différents calibres échangées, des caisses de grenades offensives, le tout apparemment utilisé en vain puisque ce sont des snipers postés au dehors qui neutraliseront le forcené. Autre élément tout aussi surprenant et inexplicable : trente membres du RAID mettront une heure à avancer dans un trois pièces de trente-cinq mètres carrés... Sans compter des snipers, plus de deux-cents-cinquante policiers en soutien et une trentaine d'autres postés à l'extérieur de l'appartement de Mohamed Merah.

Comment, au vu de tous ces éléments, ne pas mettre en doute la *réussite* qu'annoncent les autorités ?

Et comment ne pas sourire face à tant d'amateurisme ? Quelle crédibilité peuvent-ils avoir après un tel fiasco ? Avec quel respect de la vie humaine sont-ils intervenus ? Comment comprendre qu'une unité de police civile puisse se doter d'un béret militaire alors que ce genre d'attributs militaires a une valeur et une histoire forte au sein du ministère de la Défense ?

Le RAID souhaitait se faire breveter parachutiste à l'école des troupes aéroportées de Pau, l'ETAP, et pouvoir également y recevoir une formation de chuteur opérationnel. N'étant pas des militaires, ils n'en ont pas eu l'autorisation. Le GIGN a près de quatre-cents parachutistes qui peuvent être déployés, à tout moment, sur et en dehors du territoire national. Le RAID possède quant à lui une poignée d'hommes qui sautent dans les paras clubs civils au frais du contribuable. Je ne pense pas que l'on puisse larguer des policiers formés au parachutisme sur une ville, même si cet environnement urbain est dans leur domaine d'intervention. Vouloir concentrer toutes les spécialités sur quelques hommes n'est pas une bonne chose. C'est pour cette raison que le GIGN a des cellules spécialisées pour chaque domaine d'intervention.

7 JANVIER 2015
–
CHARLIE HEBDO

Chérif Kouachi, né le 29 novembre 1982 dans le Xe arrondissement de Paris et Saïd Kouachi né le 7 septembre 1980 à Paris, sont des terroristes islamistes de nationalité française. Ils ont attaqué le journal *Charlie Hebdo* à Paris, le 7 janvier 2015 et assassiné douze personnes. Ils se sont revendiqués de la branche yéménite d'Al-Qaïda.

Nés de parents algériens et issus d'une fratrie de cinq enfants, ils sont très tôt orphelins de père. Leur mère qui se prostituait pour subvenir à leurs besoins, décède en 1995. Les parents ne s'occupent pas de leurs enfants qui traînent dans la cité. Ils sont élevés en foyer. Les frères Kouachi, une de leur sœur et un autre frère, sont placés à la Fondation Claude-Pompidou, à Treignac, en Corrèze, de 1994 à 2000. Saïd y passe un CAP et un BEP d'hôtellerie. Après cette scolarité, il rejoint Paris. Chérif suit une formation d'électronicien au lycée Georges-Cabanis de Brive-la-Gaillarde. Il est placé, ensuite, au foyer d'accueil de la DDASS de Rennes où il passe un brevet d'éducateur sportif. Il regagne ensuite Paris où il y réalise des clips de rap et travaille comme livreur de pizzas. Les frères Kouachi sont jeunes et sans histoire. Ils se radicalisent en 2000 alors qu'ils fréquentent un cercle de jeunes salafistes. Chérif rencontre Farid Benyettou, leader d'un groupe dit « des

Buttes-Chaumont » dans le XIXe arrondissement de Paris. C'est lui qui l'endoctrine. Saïd se rend en 2011 au Yémen et intègre un camp d'entraînement d'Al-Qaïda dans la péninsule Arabique, AQPA, la branche yéménite de l'organisation fondée par Ben Laden.

Chérif est connu des services de lutte antiterroriste. En janvier 2005, il est appréhendé alors qu'il s'apprête à prendre un avion pour Damas. Le 1er mars 2008, il se marie à Charleville-Mézières et a un enfant avec sa compagne Izzana. Cette dernière, qui porte le *niqab* depuis son pèlerinage à La Mecque en 2008, abandonne son travail d'animatrice de crèche. Emprisonné de janvier 2005 à octobre 2006 Chérif continue de se radicaliser et fait la connaissance de Djamel Beghal, qui devient son nouveau mentor. C'est lors de son séjour en prison qu'il rencontre Amedy Coulibaly, incarcéré pour des délits de droit commun et qui devient lui aussi un proche de Beghal.

Saïd quant à lui n'est connu des autorités que pour une seule garde à vue dans le cadre de l'enquête sur la filière des Buttes-Chaumont. En 2011, il bénéficie d'un entraînement au combat et au maniement d'armes légères au Yémen. Les frères Kouachi sont répertoriés dans deux bases de données de sécurité des États-Unis : ils sont interdits de vol sur le territoire des États-Unis et mis sur la *no fly list* du Terrorist Screening Center, et celle du TIDE – liste confidentielle contenant les terroristes soupçonnés ou connus.

Le mercredi 7 janvier 2015, vers 11 h 30, deux hommes cagoulés arrivent en véhicule au 10 rue Nicolas Appert dans le XIe arrondissement, siège de la rédaction du journal *Charlie Hebdo.* Tous deux portent une kalachnikov avec des chargeurs. Une fois à l'intérieur du bâtiment, ils abattent à bout portant un agent de la maintenance et poursuivent ensuite leur progression au sein du journal. L'attaque fait onze victimes dont cinq dessinateurs, un invité du journal et un policier du service de la protection rapprochée, le SDLP. Ce policier est chargé de la sécurité de Charb, dessinateur et directeur de la rédaction qui a reçu des menaces suite à ses caricatures de Mahomet.

Les Kouachi font irruption dans la pièce. À cette heure-là, se déroule la conférence de rédaction du journal qui rassemble tous les journalistes et les collaborateurs du journal satirique. Selon le témoignage des journalistes ayant survécu à l'attaque, l'un des deux frères Kouachi crie alors *Allahu akbar* et demande où est Charb puis abat ce dernier après l'avoir identifié. Ils déclarent ensuite : « Vous allez payer car vous avez insulté le Prophète », avant de tirer au coup par coup sur le reste de l'assistance.

Après leur fusillade mortelle, Chérif et Saïd Kouachi sortent de l'immeuble en continuant à faire feu et en criant *Allahu akbar*. Une fois dans la rue, ils scandent à plusieurs reprises « On a tué *Charlie Hebdo*, on a vengé le prophète Mahomet » et montent dans leur véhicule, une Citroën noire.

Lors de leur fuite, ils se retrouvent face à une voiture de police. Après s'être arrêtés un instant, ils ouvrent leur portière et, debout, tirent méthodiquement et à plusieurs reprises, sans faire aucun blessé.

Le véhicule des forces de l'ordre est contraint de faire marche arrière face à la puissance de feu des armes des terroristes. Les impacts du tir dans le pare-brise de la voiture de police démontrent une aisance au maniement des armes. Deux patrouilles de police en vélo arrivées sur place se retrouvent alors confrontées aux terroristes. La première se met à l'abri, la deuxième est prise sous le feu. Un agent est blessé d'une balle au niveau de la hanche. Il est achevé à bout portant d'une balle dans le corps par un des frères Kouachi. La scène filmée par un habitant montre la maîtrise et le sang-froid des terroristes qui se déplacent calmement. En début d'après-midi, une véritable chasse à l'homme se met en place. Toutes les forces de police de Paris sont en alerte. Paris est sous le choc. Les policiers dans Paris ont l'arme à la main et paraissent désemparés. Toutes les unités de police et de gendarmerie ont été mises en alerte et des contrôles routiers systématiques sont alors mis en place. Même si personne ne connaît la direction prise par les terroristes, de tels individus en fuite se font toujours repérer, soit parce qu'ils sont contraints d'abandonner leur véhicule et perdent alors en mobilité et capacité de fuite, soit parce qu'ils sont contraints d'en voler un autre pour poursuivre leur cavale.

À la mi-journée, le plan Épervier est déclenché dans le sud du département de l'Aisne. Le plan Vigipirate est quant à lui élevé, à Paris et en Île-de-France, au niveau d'alerte attentat, son niveau maximal. Tous les moyens de police et de gendarmerie sont dès lors mobilisés pour localiser les individus.

Après avoir braqué un automobiliste pour lui voler sa Clio, les frères Kouachi abandonnent leur premier véhicule Porte de Pantin et disparaissent. Des recherches sont lancées dans la région de Charleville-Mézières où les frères Kouachi résident avec leur famille. Pendant toute la nuit, police et gendarmerie mènent ces investigations. Le maillage de gendarmerie est mis en place – qui consiste en la prise en compte de tous les lieux de replis potentiels pour les terroristes –, et le GIGN est en alerte. Toutes les unités, compagnies, brigades, PSIG, EDSR (Escadron départemental de sécurité routière) et équipes cynophiles sont déployées sur le terrain. Le Groupement Interarmées d'hélicoptères (GIH) et les hélicoptères de la gendarmerie sont eux aussi mis à contribution pour permettre un déploiement rapide des gendarmes du GIGN. Si les hélicoptères de type Puma permettent le transport de vingt personnels, l'hélicoptère léger de la gendarmerie peut, quant à lui, déposer très rapidement sur le lieu d'une intervention, une équipe de cinq gendarmes.

Après avoir fui Paris, les frères Kouachi sont finalement localisés en Picardie, une zone qui relève de la compétence territoriale de la gendarmerie. Le GIGN invite le RAID et la BRI à venir les rejoindre sur place – était-ce réellement une invitation ? On peut apercevoir sur les images qui seront diffusées par les médias le véhicule de la BRI évoluant dans la campagne picarde – une image rare, car cette unité n'intervient que dans des zones urbaines. En zone rurale, pour des raisons qui lui sont inhérentes, la population est en moyenne plus attentive qu'en ville, et il est plus facile d'y repérer un individu. La population avertit plus facilement les gendarmes du moindre détail suspect qu'en ville, surtout depuis la hausse tendancielle et continue des cambriolages en campagne. Les gendarmes qui sont en charge de la sécurité des Français sur 94 % du territoire national connaissent bien leur circonscription et les habitants qui la composent.

Lors de leur cavale, les frères Kouachi braquent le jeudi 8 janvier 2015 vers 9 heures une station essence Avia à Vauciennes pour faire le plein et se ravitailler en nourriture. Lourdement armés de deux kalachnikovs et d'un lance-roquette qu'ils exhibent au gérant de la station, ils sont à bord d'une voiture Clio de couleur grise.

Le gérant les reconnaît formellement. La vidéosurveillance montrera d'ailleurs deux hommes sans cagoule. Le vendredi 9 janvier 2015 vers 8 h 10, Chérif et Saïd Kouachi volent un véhicule à Montagny-Sainte-Félicité, après avoir abandonné leur précédent véhicule dans un chemin.

À 8 h 30, l'une des vingt-huit patrouilles de gendarmerie du département de Seine-et-Marne est envoyée sur la zone industrielle à Dammartin-en-Goëlle. Le gérant d'une imprimerie appelle la gendarmerie pour dire que les deux terroristes sont dans son entreprise. Deux gendarmes s'y rendent immédiatement. Arrivés discrètement sur les lieux, ils reconnaissent immédiatement le véhicule recherché. Le responsable de la patrouille aperçoit un des frères au premier étage. Durant son observation, un des terroristes sort, et il l'aperçoit avec sa kalachnikov. Le terroriste voit également le gendarme et crie *Allahu akbar* avant de tirer en direction de sa voiture. Un gendarme sort son arme et fait feu. Il le touche au cou. Le terroriste tombe à terre et se retranche dans l'usine. L'agent des forces de l'ordre ne poursuit pas son tir, ignorant s'il y a ou non des otages. Trois impacts de balle sont relevés sur la portière de la voiture gendarmerie. D'autres patrouilles les rejoignent pour mettre en place le périmètre de sécurité qui permettra d'éviter toute fuite des deux frères et de sécuriser l'endroit pour éviter tout dommage collatéral. Une école est évacuée. Peu de gens le savent mais une kalachnikov a une portée pratique de deux-cent mètres mais elle peut tuer jusqu'à trois-mille mètres. Le rayon dans lequel le risque de balle perdue tragique existe est donc de trois kilomètres.

Le GIGN arrivée sur zone met en place une cellule de crise pour collationner tous les renseignements utiles à l'assaut. Durant cette phase de préparation, il y a toujours un groupe en arme et prêt à intervenir au cas où les événements se précipiteraient et nécessiteraient une réaction immédiate.

Dans l'imprimerie, se trouvent le directeur de l'imprimerie qui sera libéré, et un employé qui n'a pas pu s'enfuir, et s'est caché dans un placard à l'intérieur des locaux, à l'étage. Les terroristes ignorent totalement la présence de cet employé. Il n'est donc pas techniquement un otage. Durant plusieurs heures, ce dernier parvient à échanger des SMS avec les gendarmes de l'équipe des négociateurs du GIGN et à leur communiquer des éléments tactiques, comme sa position à l'intérieur des locaux ou ce qu'il perçoit des bribes de conversations des deux forcenés. Les négociateurs rassurent également l'employé et lui indiquent la conduite à tenir lors de l'assaut à venir. Les préparatifs de celui-ci vont donc prendre en compte la position de l'employé et les informations précieuses qu'il fournit. Et si l'assaut est donné, la priorité sera de libérer dans les meilleures conditions cette personne cachée dans l'imprimerie.

Pendant plusieurs heures, les négociateurs du GIGN tentent alors d'entrer en contact avec les frères Kouachi qui se sont déclarés prêts à mourir en martyrs. Le procureur de la République de Paris, François Molins, confirment que ces derniers refusent de répondre aux tentatives de négociation.

Inévitablement, le GIGN se prépare à conduire un assaut contre les deux hommes. Des moyens lourds, comme le nouveau véhicule d'assaut Sherpa, sont déployés. Ce véhicule permet d'amener un groupe sur un étage pour y récupérer des otages. Il est notamment utilisé pour les prises d'otages d'avion.

Pendant douze heures, les frères Kouachi ne donnent aucun signe de vie. Les hommes du GIGN ainsi que les tireurs d'élite sont en place. Les tireurs-observateurs sont indispensables. Ce sont les yeux du groupe, qui permettent de signaler, en permanence, tout mouvement des terroristes, et de localiser parfaitement, en vue de l'assaut, l'emplacement des individus à arrêter.

Une équipe d'intervention se positionne face à l'entrée de l'imprimerie. Une autre se place le long d'une haie de protection. Le camion d'assaut sur lequel ont pris position des gendarmes est prêt à se diriger vers l'imprimerie pour investir l'étage. Malgré la distance, les équipes de télévision parviennent à filmer le théâtre des opérations et le déploiement des hommes du GIGN. Sur les images diffusées en direct par les médias, on peut voir que dans le périmètre de sécurité large et bien défini ne se trouvent que les personnes strictement nécessaires au déroulement des opérations, c'est-à-dire les hommes du GIGN et l'équipe médicale. Les unités de gendarmerie du département assurent quant à elle la sécurité du site et en interdisent l'accès à la circulation.

La prise d'otages de Coulibaly à la porte de Vincennes va précipiter les événements. Il semble en effet que, d'un commun accord, les frères Kouachi et Amedy Coulibaly veulent braver les forces de l'ordre. Le preneur d'otage de l'Hyper Cacher de Vincennes menace de tuer tous les otages si les gendarmes donnent l'assaut à Dammartin, où sont retranchés ses deux complices. Pourtant, à 16 h 56, les frères Kouachi vont décider d'affronter les forces de l'ordre.

Alors que le GIGN s'apprête à lancer son assaut, les deux djihadistes entrouvrent une porte d'entrée située au rez-de-chaussée de l'imprimerie et sortent en ouvrant immédiatement le feu sur les gendarmes. Ces derniers répliquent immédiatement, d'abord avec des grenades à effet de souffle pour les projeter à terre, mais les frères Kouachi continuent de tirer. Les hommes du groupe ouvrent alors le feu et abattent les deux terroristes d'Al-Qaïda. L'échange de coups de feu n'aura duré que trois minutes.

Lors des séances de tir quotidiennes au stand de notre caserne, nous nous entraînons à viser l'épaule de la personne dessinée sur notre cible. Dans un tel cas, où les individus à appréhender sont armés de kalachnikovs et en mouvement, il est difficile et même quasi impossible d'atteindre l'épaule. Même si la doctrine du GIGN consiste à tout faire pour prendre les personnes vivantes et les remettre à la justice, cet objectif s'avère parfois inatteignable.

Suite à l'assaut immédiatement entamé après les tirs, l'employé de l'imprimerie est immédiatement mis en sécurité et les locaux minutieusement inspectée par les gendarmes pour débusquer tout éventuel piège des terroristes, notamment des explosifs. On découvre un lance-roquette avec sa munition introduite, deux kalachnikovs, deux pistolets et dix grenades fumigènes. Après cette investigation, la scène de crime est mise à disposition des enquêteurs.

Charlie Hebdo était menacé depuis 2008. Avant ce massacre, il eût été malheureusement aisé de prendre des dispositions pour améliorer effectivement la sécurité de la rédaction.

Tout édifice qui regroupe des personnes susceptibles d'être menacées doit posséder un sas de sécurité équipé d'un détecteur de métaux. Il y avait plusieurs accès à l'immeuble. Plus il y a d'issues, plus la sécurité est délicate à mettre en place. L'idéal est de fermer toutes les portes inutiles et de privilégier une entrée principale. Pour des immeubles tels que les ambassades des sas de sécurité sont installés et leurs vitres sont pare-balles. Une première porte donne accès au sas. Un contrôle y est effectué pour connaître l'identité du visiteur et la teneur de sa visite. Une fois ces contrôles effectués, on ouvre la porte qui donne dans les locaux. Cette porte ne s'ouvre que si la première porte d'accès donnant dans la rue est verrouillée. Un tel système de sécurité est hélas très onéreux.

Par expérience, les professionnels de ce domaine savent que personne n'aime la sécurité. Elle est, pour résumer, une contrainte pour tout le monde, physique, matérielle et financière, et qui plus est anxiogène.

L'attaque de *Charlie Hebdo* s'est déroulée en trois phases. Comme l'a conclu l'étude menée sur les méthodes utilisées par les terroristes, ces derniers agissent en trois étapes : destruction, retranchement, affrontement.

Lors de la phase destruction, l'objectif des terroristes est qu'un maximum de personnes soient tuées : la « courbe de létalité » peut alors monter très vite pour se stabiliser durant le deuxième temps, celui du retranchement – avec ou sans otages –, et durant lequel les terroristes sont assiégés.

Lors de cette deuxième phase, les terroristes ne cherchent pas à fuir et n'ont aucune intention de se rendre. Ils attendent les forces de sécurité pour pouvoir les affronter en face-à-face, au moment de leur choix. À Dammartin-en-Goële, les frères Kouachi sont là pour affronter le GIGN.

Après leur attaque contre *Charlie Hebdo*, les deux frères ont été désorientés par le peu de résistance policière rencontrée dans la rédaction.

Une fois redescendus dans la rue, ils n'ont pas hésité et sont allés au contact des policiers. Après deux jours de cavale, ils se sont retranchés dans l'imprimerie de Dammartin-en-Goële et ont expliqué au patron de cette entreprise qu'ils attendaient l'arrivée du GIGN.

Quant à la dernière et troisième phase, celle de l'affrontement, elle s'est déroulée le 9 janvier 2015 à l'initiative des frères Kouachi : en effet, à 16 h 56, les deux frères sortent de l'imprimerie pour affronter l'unité d'élite. Les gendarmes du GIGN ont eu à affronter un ennemi déterminé. Quelle a été la motivation des deux terroristes ? Un dernier baroud d'honneur de deux hommes se sachant perdus ? Le désir de mourir sous les balles des gendarmes ?

Saïd Kouachi est inhumé anonymement à Reims, le 16 janvier, et son frère Chérif, à Gennevilliers, le 17 janvier 2015.

9 JANVIER 2015
–
HYPER CACHER

Il naît le 27 février 1982 à Juvisy-sur-Orge dans l'Essonne, dans une famille originaire du Mali. Amedy Coulibaly est le septième enfant d'une fratrie de dix. Sa scolarité est moyenne mais il a une enfance heureuse. Il passe sa jeunesse dans le quartier de la Grande-Borne à Grigny. Alors qu'il est lycéen en classe de première de la filière bac pro, il s'initie aux braquages. Certains de ses proches expliquent son attitude par ses mauvaises fréquentations. Amedy Coulibaly voue une haine à la police depuis que son meilleur ami, Ali Rezgui, a été tué par un policier au cours d'un vol, mort qu'il considère comme une injustice. Les faits se sont déroulés le 17 septembre 2000 à Combs-la-Ville. Amedy s'enfuit à bord d'une camionnette chargée de motos volées et fonce à vive allure vers un véhicule de police. Un policier stagiaire tire sur le camion, crève un pneu, puis tire à l'intérieur du véhicule. Le chauffeur est tué ; Amedy Coulibaly est blessé. Le policier n'a pas été poursuivi par le parquet qui a estimé qu'il y avait eu légitime défense.

À partir de 2001, Amedy Coulibaly est plusieurs fois jugé et emprisonné pour vols aggravés. Comme bien d'autres, il passe de la petite délinquance à la grande criminalité. Le 5 juillet 2009, il se marie religieusement avec Hayat Boumeddiene qu'il connaît depuis deux ans. Le couple vit à Bagneux. En 2014, ils habitent à Fontenay-aux-Roses. Comme le rapportera un témoin qui les avait vus « sortir des cartons, des caisses, des livres », le couple envisageait de déménager.

C'est durant son incarcération à la prison de Fleury-Mérogis, en 2005, qu'Amedy Coulibaly fait la connaissance de Chérif Kouachi, emprisonné pour sa participation à la filière djihadiste des Buttes-Chaumont et de Djamel Beghal, qui est devenu le mentor de ce dernier. Amedy Coulibaly se lie d'amitié avec Djamel Beghal alors que celui-ci se trouve pourtant en isolement. Converti en prison à l'islam radical, il continue de fréquenter Kouachi et Beghal. Après sa sortie de prison, Coulibaly devient dealer et écope d'une nouvelle peine de prison d'un an et demi en 2006. Selon les rapports de la sous-direction anti-terroriste, la SDAT, il est définitivement établi qu'Amedy Coulibaly et Chérif Kouachi sont devenus les disciples de Djamel Beghal.

Connaissant bien les frères Kouachi, Amedy est un moment suspecté d'être le troisième homme présent lors de l'assassinat des journalistes de *Charlie Hebdo*. Il est aussi soupçonné d'avoir tiré, le 7 janvier 2015 à 20 h 30, sur un joggeur à Fontenay-aux-Roses, ville où il réside. La victime est blessée par cinq coups de feu à l'arme automatique sans aucun motif apparent. L'exploitation balistique permet de faire un rapprochement entre les douilles percutées à Fontenay-aux-Roses et le pistolet automatique Tokarev qui sera découvert sur les lieux de l'Hyper Cacher. Mais rien ne permet d'attribuer formellement les tirs à Amedy Coulibaly.

Le jeudi matin 8 janvier, vêtu d'un manteau, d'un gilet pare-balles et d'une kalachnikov, il s'approche d'un regroupement dû à un accident de la route. Deux agents de la voirie et une policière municipale discutent. À 8 h 04, il abat la policière municipale d'une balle dans le dos et blesse un agent. Un des agents reçoit une balle en plein visage ; la policière est touchée au sol. Coulibaly commence à se battre avec le troisième représentant des forces de l'ordre. L'homme qui se bat ne semble pas dégager de la haine alors qu'il vient pourtant d'abattre deux personnes. Durant la bagarre, Coulibaly lui dit : « Tu veux jouer, tu vas crever. » Il le met en joue avec son arme. Le coup n'est pas parti. Son pistolet s'est enrayé ! Il cherche à s'emparer d'un véhicule. Il réussit à s'enfuir à bord d'une Clio blanche qu'il laissera près d'une station de RER à Arcueil. Il est identifié grâce à l'ADN retrouvé sur la cagoule qu'il a abandonnée. Les enquêteurs font le lien entre les deux actes, et perquisitionnent son domicile de Fontenay-aux-Roses. Un appel à témoins est lancé pour retrouver Coulibaly et sa compagne.

Le 9 janvier 2015, vers 13 heures, il fait irruption dans une supérette Hyper Cacher de la porte de Vincennes et abat quatre personnes. Il prend en otage dix-sept personnes parmi lesquelles des clients et des employés et affirme aux journalistes de BFMTV qu'il s'est synchronisé avec les frères Kouachi. Un périmètre de sécurité est mis en place. L'unité d'intervention se positionne au plus près de l'Hyper Cacher. Les tireurs-observateurs se placent de manière à avoir les meilleurs angles de tir. Si le déploiement des unités d'intervention est toujours la même, la stratégie qui sera adoptée le sera en fonction de la configuration et des éléments du moment – présence ou non d'otages, terroristes, forcenés.

Les hommes du RAID et de la BRI ont investi l'hyper Cacher avec trois équipes.

Une première équipe se déplace face à l'entrée de l'Hyper Cacher derrière le camion de la BRI. Une deuxième équipe se place près d'une porte qui se trouve sur le côté du magasin et une troisième équipe rejoint l'entrée en longeant le magasin. Une fois toutes leurs équipes en place, l'assaut est donné à 17 h 12 par le RAID et la BRI.

Le rideau de fer se lève. Les tirs nourris des équipes d'assaut retentissent. Les vidéos diffusées par les médias permettent de disséquer l'assaut. On aperçoit Coulibaly se diriger en courant du fond du magasin vers l'entrée de l'Hyper Cacher. Une grenade des forces de l'ordre explose devant le rideau. Deux équipes se trouvent de part et d'autre de l'entrée du magasin. Un tireur isolé posté sur la route tire entre les deux équipes. Les policiers pénètrent dans l'hyper Cacher. Le premier policier de la colonne d'assaut de l'équipe gauche entre et se déplace sur la droite. Il passe devant les tirs de la colonne d'assaut qui se trouve à droite. Coulibaly monte à l'assaut. Il est abattu et tombe à l'entrée de l'Hyper Cacher.

La place en face de l'Hyper Cacher doit être vide. Il ne doit y avoir aucun véhicule ni aucune personne qui se promène dans cet espace sécurisé. On poste les tireurs-observateurs dans les immeubles qui se trouvent en face du magasin. On met en place une cellule de crise pour récolter tous les renseignements nécessaires à l'intervention. Un groupe est prêt à intervenir à tout moment. Ce groupe a une très grande importance. En 1982, lors d'une intervention concernant un forcené, une fois le groupe d'intervention arrivé sur les lieux, le périmètre de sécurité avait été mis en place. Les observateurs furent également rapidement mis en place. Pendant la préparation de l'opération, un tireur-observateur avait annoncé que le forcené était sorti sans arme. Dès cet instant, le petit groupe opérationnel a mené un assaut éclair et a interpellé l'individu. Grâce à cette opportunité, le forcené a été surpris et une économie de temps et de moyens considérable a été réalisée. Il s'agit donc de s'aménager la possibilité d'être opportuniste à tout moment.

Une fois ce dispositif mis en place, la cellule de crise reproduit sur plan tous les détails de l'environnement de la future intervention. Le dispositif d'assaut y est virtuellement déployé. Dans cette configuration, il eût fallu privilégier l'entrée par la porte d'accès se trouvant sur le côté – et si la porte est blindée, l'équipe peut attirer l'attention du terroriste et donner l'opportunité aux autres équipes de rentrer en sécurité –, l'entrée principale étant trop exposée. Une équipe qui y serait postée servirait avant tout à attirer l'attention du preneur d'otages. Ce leurre permet fréquemment aux réelles équipes d'assaut de pénétrer discrètement et en toute sécurité les lieux de la prise d'otages. Cette équipe peut alors lancer des grenades assourdissantes et aveuglantes pour neutraliser les éléments hostiles.

Pour les baies vitrées, le GIGN emploie une masse spécifique et très efficace qui les détruit instantanément et permet aux équipes d'assaut de s'engouffrer dans les lieux à neutraliser. Le 9 janvier, la grenade lancée par les policiers devant la vitre ne l'a pas brisée.

Une fois l'individu-cible neutralisé par un tir sélectif, le reste de la colonne investit les lieux et évacue les otages très rapidement. Ces otages doivent être canalisés et pris en compte à la sortie, et ne surtout pas se disperser dans tous les sens sous le coup de la panique et du soulagement de la libération. Une fois l'opération terminée, une fouille minutieuse de sécurité doit être menée de manière à récupérer tout matériel dangereux et à préparer l'arrivée des enquêteurs en les préservant de tout risque de mauvaises surprises – colis piégés, explosifs à retardements, etc.

L'assaut du 9 janvier 2015 a été filmé. Ce qui frappe d'emblée à la vue de ces images, même pour le non initié aux métiers de la sécurité, c'est qu'il y a beaucoup trop de monde, beaucoup trop d'intervenants. Lorsqu'un périmètre de sécurité est mis en place, seule doit y évoluer la force d'intervention. Or à la Porte de Vincennes, beaucoup trop de personnes étaient présentes, sans protection et se déplaçant nue tête bien trop près de la zone d'intervention. Une telle situation augmente le risque de dommages collatéraux, aussi bien parmi les civils que parmi les forces de l'ordre.

Pour cette intervention beaucoup trop de policiers sont déployés pour n'appréhender qu'un seul homme entouré de très nombreux otages. On dénombre environ soixante-dix policiers en place lors de l'assaut. Plus il y a d'individus à prendre en compte et plus le risque que l'opération prenne un tour dramatique est grand ; une telle opération demande une précision inouïe, des gestes et des réactions techniques que seuls des éléments qui s'entraînent quotidiennement ensemble peuvent réaliser le mieux possible. L'improvisation n'existe pas. Pourtant, ce jour-là, l'espace où se trouve le terroriste est concentré à l'entrée, et son secteur de tir comprend toute la baie vitrée qui couvre l'entrée ; les forces de l'ordre en attente d'intervenir sont ainsi bien trop exposées. De plus, l'assaut rassemble des hommes de la BRI et du RAID qui ne s'entraînent jamais ensemble. Quant aux patrons de ces deux unités, ils ne s'entendent pas et leurs désaccords sont connus sur la place publique. Comment aborder un assaut aussi complexe dans de telles conditions ?

Les assauts de face pour une situation telle que celle de l'Hyper Cacher sont en général déconseillés, ne serait-ce que parce que des caméras de surveillance à l'intérieur peuvent informer le terroriste du déploiement des forces de l'ordre. Il est plus judicieux de se glisser le long des murs du magasin. Deux équipes de dix personnes auraient été suffisantes. Par ailleurs, la discipline de tir est de rigueur. N'oublions pas qu'il y a des otages. Seule l'équipe d'assaut sous la protection du bouclier doit ouvrir le feu sur l'individu. La colonne qui suit investit les lieux pour remplacer l'équipe d'assaut en cas de blessure d'un de ses membres ; le reste de l'équipe s'occupera des otages.

Lors de l'assaut de la Porte de Vincennes, tandis que les deux équipes de part et d'autre de l'entrée ouvrent le feu et se resserrent, un policier seul et situé au milieu de la route s'est aussi mis à tirer vers l'intérieur du magasin, prenant le risque de toucher ses collègues. Une telle indiscipline de tir est incompréhensible. Prendre d'assaut le lieu d'une prise d'otage est un travail d'équipe, et qu'un policier prenne une telle initiative constitue une mise en danger des autres intervenants.

On remarque aussi dans la vidéo de l'assaut de l'Hyper Cacher, que les tirs continuent alors que l'individu est déjà tombé au sol. Continuer de tirer alors que la cible est manifestement neutralisée augmente le risque de blesser des collègues qui se trouvent de l'autre côté du corps – Coulibaly s'étant effondré pile entre les deux équipes, devant l'entrée du commerce.

Trois policiers et un otage sont blessés. Blessés par qui ?

Lorsqu'une intervention est terminée, on procède toujours à une fouille de sûreté. Après l'opération de l'Hyper Cacher, c'est la société de nettoyage désignée pour remettre en ordre le magasin qui a découvert le matériel – notamment composé de grenades –appartenant à Coulibaly.

À la date du 16 janvier 2015, aucune décision n'a été prise pour la disposition du corps d'Amedy Coulibaly, conservé à la morgue. Sa famille n'a pas exprimé d'opinion en public.

Finalement, ce n'est que le 23 janvier que Coulibaly est discrètement enterré au carré musulman du cimetière de Thiais. Sa tombe est anonyme.

13 NOVEMBRE 2015

–

STADE DE FRANCE
LES PREMIERS KAMIKAZES DE FRANCE

Tout le monde emploie le mot « terrorisme » mais celui-ci n'a toujours pas de définition – juridique notamment – unique et universelle, et son principe est simple : montrer que l'on peut frapper qui on veut, ou on veut et quand on veut ; il est donc un usage de la violence motivé par la promotion d'un message idéologique, politique ou religieux. Il vise la terreur, celle des civils, et la publicité.

Les terroristes « s'expriment » le plus souvent à l'aide d'E.E.I. – *engins explosifs improvisés,* portés, déposés ou lancés, et réalisés de manière artisanale. Ils renferment des systèmes de piégeages associés à des substances destructrices le plus souvent mortelles. Ils sont conçus pour tuer, défigurer, détruire, distraire l'attention ou harceler. Leurs charges sont des matières explosives de provenance militaire ou « civile » – dans ce cas, ils sont confectionnés en mêlant habilement des produits disponibles dans le commerce.

Les EEI se composent d'une enveloppe, d'une charge, d'un système de mise à feu, d'un système déclencheur et d'une alimentation électrique.

L'enveloppe est l'élément constitutif de l'EEI qui présente la plus grande diversité d'aspects et de formes, selon l'effet recherché. Son matériau permet également souvent d'officier comme projectile et éclat pondéreux – valises et malles en fer, véhicules, etc. L'enveloppe sert à « camoufler » l'engin explosif ; aussi, son choix sera très souvent lié à l'environnement ciblé afin de lui conférer un aspect banal et insoupçonnable – quoi de plus normal dans un aéroport ou une gare qu'une valise ?

La nature et la quantité de la charge dépendent également des effets recherchés. Elle peut être active – explosive, incendiaire, mixte, toxique, bactériologique, chimique, nucléaire ! – ou inerte, lorsqu'il s'agit d'un leurre destiné à l'intimidation.

Le système de mise à feu – l'initiateur – est un élément explosif destiné à provoquer l'activation de la charge. Dans les EEI, il sera électrique et toujours au contact ou noyé dans la charge, puisque l'emploi d'un pyrotechnique – qui se manifeste par l'apparition de fumées et d'odeurs – ne garantira pas le caractère discret de l'EEI.

Le système de déclenchement ou de mise à feu est l'ensemble des pièces qui activent l'initiateur.

Enfin, l'alimentation électrique fournit l'étincelle électrique nécessaire au fonctionnement de l'ensemble du dispositif explosif : circuit, câblage, pièges, initiateur.

Quant à la substance explosive, elle est un corps ou mélange de corps qui, sous l'effet d'une excitation convenable, se transforme dans un temps très court en un grand volume de gaz. Cette transformation s'accompagne de phénomènes exothermiques et acoustiques.

L'explosif a trois propriétés : la stabilité, la sensibilité et la puissance. La stabilité, propriété chimique, commande de préserver la substance explosive de l'humidité, la lumière, la chaleur ou le froid. La sensibilité, propriété physique, est ce qui fait qu'une charge détonne plus ou moins facilement sous l'effet de frottements ou de chocs. La puissance, propriété mécanique, est la capacité à produire le plus grand volume gazeux lors de la réaction.

Les effets de l'explosif sont les suivants : la combustion, la brisance, la déflagration, la détonation, l'onde de choc, le souffle, l'explosion. La combustion s'observe lorsque, enflammées à l'air, les substances explosives ne font que brûler sans produire d'effets mécaniques, comme la poudre de cartouches d'armes à feu. La brisance est l'aptitude à fragmenter tout corps solide mis à son contact. La déflagration est le mode « lent » de propagation d'une flamme suite à une réaction chimique. C'est en quelque sorte la « poussée ». La détonation est le mode « rapide » d'une flamme à laquelle est associée une « onde de choc », qui est la surface de discontinuité des vitesses, liée à d'autres caractéristiques physiques du milieu ambiant, dues à la « compression de l'air aux grandes vitesses ». Le souffle est le déplacement d'air extrêmement brutal provoqué par une explosion.

L'explosion n'est rien d'autre que la combinaison de tous ces effets, et son résultat physique et sonore.

Les explosifs se classent en deux catégories : les brisants et les progressifs. Pour les brisants, la vitesse de transformation du corps solide en masse gazeuse est de l'ordre de 4000 à 9000 m/s. Le phénomène se produit en 1/10 000 millième de seconde et prend le nom de « détonation ». L'explosif travaille dans le sens de la plus grande résistance et produit un effet de « choc ». Ces explosifs sont en général disposés en charges superficielles pour couper des plaques métalliques, des barres, des câbles, créer des brèches dans les murs ou provoquer des abattis. Pour les progressifs, la vitesse de transformation n'est plus que de l'ordre de 200 à 3500 m/s. Le phénomène se produit en 1/1000 millième de seconde. L'explosif travaille dans le sens de la plus faible résistance. Il est moins puissant. Ces explosifs sont en général préférés aux brisants pour réaliser des cratères dans le sol, provoquer des effondrements de rochers ou masse de terre. A titre civil, ils sont utilisés dans les carrières, les mines et pour certains travaux particuliers.

Lorsque la vitesse de transformation n'est plus que de 10 à 400m/s, l'explosion est en réalité une combustion rapide que l'on appelle « déflagration ». C'est le caractère principal des matières explosives appelés généralement « poudre » utilisées pour la propulsion d'un projectile. L'effet résultant de la combustion de la poudre produit une « poussée ».

Les dispositifs explosifs peuvent également se diviser en deux catégories : les explosifs d'amorçage (ou primaire) qui prennent le régime de la détonation au simple contact d'un fil rougi ou d'une flamme (en général : fulminate de mercure ou azote de plomb) ; les explosifs secondaires, qui ne peuvent détoner que s'ils sont convenablement amorcés par une onde de choc. L'onde de choc initiale est généralement fournie par une petite quantité d'explosif d'amorçage, celle du détonateur.

Généralement, l'E.E.I comporte un emballage dont la matière peut être de toute sorte. Ainsi, nous pouvons rencontrer des emballages destinés à faciliter le transport et la manipulation de l'engin (carton, sac plastique), des emballages conçus délibérément pour tromper et ne pas retenir l'attention d'observateurs, des emballages conçus délibérément pour attirer la curiosité du public, des emballages agissant avec des effets de fragmentation renforçant l'effet antipersonnel lors de l'explosion (bouteille de gaz, cocotte-minute, extincteur), ou des emballages de fabrication artisanale (fausse pierre, faux excréments d'animaux). Un emballage peut-être lui-même sur interrupteur de mise à feu lors de sa perforation ou de son ouverture (fil à casser, double paroi pouvant établir un contact électrique, etc.).

L'alimentation électrique est présente dans la plupart des E.E.I. L'énergie utile au circuit électrique sera normalement fournie par des batteries incorporées au dispositif. On pourra, exceptionnellement, les trouver à l'extérieur, parfois même enterrées. Tous les voltages sont envisageables du moment qu'ils fournissent assez d'intensité au filament d'un détonateur ou d'un inflammateur. Il peut donc s'agir de piles plates incorporées dans les boitiers de pellicules pour polaroïd, de batteries de véhicules, de condensateur, de l'alimentation secteur ou de piles classiques ou miniaturisées, comme celles des montres. Certains pièges explosifs fonctionnent même par épuisement de batteries.

La sécurité d'armement n'est pas présente sur tout EEI. Elle servira à la sécurité du terroriste lors du transport et de la pose du dispositif (le circuit électrique est interrompu) ; celui-ci l'actionnera au moment choisi, évitant ainsi toute manipulation fatale dont il pourrait être victime. Lors du transport le bouton est sur « off » et lorsqu'il est positionné à l'endroit choisi on le met sur « on » pour que le piège soit opérationnel. Cet interrupteur se présente sous formes diverses : interrupteur à tirette, à glissière ou à lame souple commandée par un aimant. Le système d'armement peut être doublé d'une temporisation électrique.

Les différentes catégories de pièges sont les systèmes anti-manipulation, les systèmes à retard, les systèmes à condition ambiante (qui s'enclenchent au franchissement de certains seuils de température ou de luminosité) ou les systèmes commandés à distance par radiotéléphonie.

Tous les démineurs des armées et de la gendarmerie sont formés par un des instructeurs interarmées. Comme de nombreux militaires, j'ai bénéficié de deux formations aux explosifs dans ma carrière : une à la neutralisation des explosifs, d'une haute technicité ;

une autre à la destruction explosive d'infrastructure, mais les EEI posent des contraintes infiniment plus subtiles et sournoises que n'envisagent pas forcément les formations classiques. Il est même nécessaire de précéder les terroristes par la pensée, l'imagination et la réflexion afin d'anticiper au mieux une action de neutralisation, tant l'utilisation de l'explosif est désormais un procédé typique du terrorisme, qu'il soit simple tel que la mélinite, le trinitrotoluène, ou le tétryl, composé tel que le pentolite ou l'hexolite.

Pour la première fois, 13 novembre 2015, à Paris en France, des terroristes ont commis des attentats-suicides à l'aide de ceintures d'explosifs. Ce jour-là, à 21 h 20, 21 h 30 et 21 h 53, trois kamikazes actionnent leurs charges et se tuent aux abords du Stade de France. Il n'y a qu'une victime.

Leurs ceintures ont demandé une minutieuse préparation par des experts. Le TATP (triacetone triperoxide, plus connu sous le nom de peroxyde d'acétone) est un explosif puissant et très instable. Une charge est composée de deux parties distinctes. Il y a la masse explosive et la mise de feu. La mission des démineurs est de séparer l'explosif de la mise de feu. Les gilets des kamikazes comportent tous un bouton qui permet de déclencher l'explosion. Toutes les explosions ont-elles été causées par l'action du porteur de gilet ou certaines ont été déclenchées involontairement ? Cette question concerne les trois kamikazes qui se sont fait exploser près du Stade de France (Saint-Denis). Au moment de l'explosion peu de personne se trouvaient à proximité. J'ai fait le stage de neutralisation des explosifs (NEDEX). Dans toute salle d'instruction sur l'explosif, il apparaît toujours cette devise « la première erreur est la dernière ». La manipulation de l'explosif est extrêmement sensible. Les porteurs de ces engins n'en sont pas les concepteurs. Ils ne connaissent que le bouton poussoir qui déclenchera l'explosion. Que s'est-il passé à Saint Denis ? Plusieurs scénarios sont possibles. Ont-ils été victimes d'une explosion accidentelle ? L'explosif employé est très sensible aux chocs, à la friction ou à la chaleur. J'ai pu tester la sensibilité de ce genre d'explosif lors de mon stage. Pour fixer un détonateur il doit être serti. Il est fixé, avec une pince ou avec la bouche en opération, en bout d'un cordeau détonant. Si lors d'une mauvaise manipulation on pince le corps du détonateur au lieu de la cavité creuse qui s'enfonce au bout du cordeau détonant, il explose immédiatement. Les détonateurs sont transportés dans des étuis spécialement étudiés pour éviter toute explosion accidentelle. On ne transporte jamais dans un même container l'explosif et les détonateurs.

L'une des premières traces de la ceinture d'explosif remonte à la guerre sino-japonaise (1er août 1894 – 17 avril 1895) qui oppose la Chine de la dynastie Qing à l'Empire du Japon. Lors de la défense de l'entrepôt Sihang (bataille de Shanghai), un soldat chinois parvient à tuer vingt soldats japonais en utilisant ce procédé. Cette tactique sera par la suite reprise dans le reste du conflit.

La ceinture explosive est une addition d'explosifs reliés par un cordeau détonant. C'est un filet d'explosif assez peu sensible ayant une vitesse de détonation très élevée de 7000 m/s contenu dans une gaine souple et étanche. Il est sensible aux chocs, aux tractions (plus de quinze kilogrammes) et à l'humidité. Lors de l'explosion, ce cordeau détonant permet le déclenchement de l'explosion des différentes charges disposées sur le gilet. Le détonateur est placé dans une masse explosive qui peut être de différent type. Ce détonateur permet la mise de feu de l'ensemble. Le détonateur est mis en action par une source de chaleur, le plus souvent électrique. Pour faire le maximum de dégât, ces gilets sont généralement bourrés de boulons, de clous ou de tous petits objets pouvant aggraver les blessures des victimes.

Bilal Hadfi, l'un des kamikazes, naît le 22 janvier 1995. Résidant à Neder-over-Hembeek en Belgique et étudiant en électricité à l'Instituut Anneessens-Funck, il part pour la Syrie le 15 février 2015, sans avertir sa famille. La police belge qui le surveille l'inscrit sur la liste « Syrie » de l'OCAM[1].

Un passeport syrien au nom d'Ahmad al-Mohammad, né le 10 septembre 1990 à Idleb, est trouvé à proximité du corps d'un des terroristes. La pièce d'identité se révèlera fausse. Elle était portée par le premier terroriste, celui qui a tué un passant. Il se serait mêlé aux migrants en usurpant l'identité d'un soldat

1 Organe de coordination pour l'analyse de la menace.

syrien d'Assad mort il y a plusieurs mois et aurait ainsi utilisé le passeport de ce dernier pour rejoindre l'Europe au sein d'un groupe de réfugiés politiques, allant jusqu'à se faire enregistrer comme tel sur l'île de Leros en Grèce et bénéficier ainsi du statut de réfugié le 3 octobre 2015. Il a ensuite été repéré quelques jours plus tard en Croatie, puis en Allemagne.

La police nationale a lancé un appel à témoins le 22 novembre pour tenter d'identifier ce troisième kamikaze à avoir actionné sa ceinture d'explosifs, rue Jules-Rimet, à proximité de la porte H du Stade de France. Était-il le frère d'« Ahmad al-Mohammad » ? A-t-il lui aussi usurpé une identité ?

Un des kamikazes essaye d'entrer dans le stade avec sa ceinture d'explosifs. Il tente quatre fois de passer le contrôle de sécurité aux abords du stade. Un responsable de la sécurité rapporte que le terroriste avait un billet pour le match France-Allemagne et qu'il aurait tenté de s'introduire quinze minutes après le début de la rencontre. Sa ceinture d'explosifs est détectée lors du contrôle à l'entrée du stade. Il se fait exploser en s'éloignant.

Les gilets des kamikazes contiennent des boulons qui sont projetés dans un rayon qui peut atteindre les cents mètres. Le mélange s'apparente à une grenade défensive. Cette grenade métallique, dite quadrillée, projette des morceaux de métal, et sert habituellement aux armées lors de conflits. Ces gilets sont confectionnés avec du TATP[1], du TNT ou des explosifs similaires, des

1 Triacétone triperoxide, plus connu sous le nom de peroxyde d'acétone.

substances très puissantes mais très instables. Les terroristes disposent en général plusieurs charges dans les poches d'une chasuble. Ces dernières sont connectées entre elles par un cordeau détonant. Un détonateur permet la mise à feu de l'explosif. Elle se produit grâce à une pile et un bouton poussoir qui fait office d'interrupteur. Le cordeau détonant est un filet d'explosif assez peu sensible ayant une vitesse de détonation très élevée. Il est enrobé dans une gaine souple et étanche. Lors des stages NEDEX, les gendarmes du Groupe se forment au maniement des explosifs et aux fonctionnements des détonateurs. Ceux-ci sont en général très sensibles et doivent éviter les chocs, les élévations brusques de température, la proximité des corps en ignition, le contact avec les acides et l'humidité. Un détonateur se manipule avec beaucoup de précaution.

Pour réduire le risque que ce genre d'attaques ne produise d'immenses dégâts dans des situations telles que les grands rassemblements dans les stades, il convient de mettre en place différents filtrages pour éviter tout regroupement et « fluidifier » la foule.

Ce filtrage doit être augmenté d'un dispositif « épi » et dont l'objet est l'observation attentive de tout individu ou comportement suspect. Et pour tout spectacle ou compétition sportive, un contrôle très sérieux des billets, avec fouilles corporelles et fouilles des sacs. Ce dispositif est lourd mais nécessaire si l'on veut diminuer les risques car les spectacles et les événements sportifs sont des cibles de choix.

La sécurité dans les stades a toujours été une affaire sérieuse, affinée par des années de traditions d'hooliganisme et de violences aux abords des enceintes sportives. Pour empêcher les supporters de pénétrer ces enceintes avec des objets dangereux comme des fusées ou des fumigènes, les responsables de la sécurité des stades ont continuellement amélioré et affiné leurs contrôles. Grâce à cette permanente rigueur et au sang-froid de certains agents, ce 13 novembre 2015, aucun terroriste n'a réussi à pénétrer dans l'enceinte du Stade de France.

Ce soir-là pourtant, c'est la première fois en France que des terroristes utilisent des ceintures d'explosifs, c'est la première attaque kamikaze en France. Sept d'entre eux – si l'on compte les autres attaques dans Paris – se sont fait sauter. Le déclenchement de ces ceintures a-t-il été volontaire ? La question se pose, vu le *timing* des explosions. Une ceinture a explosé alors que personne ne se trouvait à proximité. Est-ce un déclenchement accidentel ?

13 NOVEMBRE 2015
–
BATACLAN

Le Bataclan a été bâti en 1865, et l'établissement doit son nom à une opérette de Jacques Offenbach (1819-1880). Une musique chinoise de 1855 lui a donné son nom et son style de pagode. Il s'appelle à l'origine « Ba-Ta-Clan ». Son nom évoque un joyeux vacarme. C'est une salle de spectacle parisienne située dans le XIe arrondissement. Elle peut contenir jusqu'à mille-cinq-cents personnes. Le bâtiment d'origine a subi de nombreuses transformations. En 1933, un incendie le détruit en partie. En 1950, il est amélioré pour être mis en conformité avec les normes de sécurité. En 2006, la façade retrouve ses couleurs d'origines. Les toits en pagode appartiennent au passé. L'ancien cinéma a fermé ses portes en 1969 – le Bataclan est redevenu une salle de spectacle en 1983.

Aujourd'hui, c'est la musique rock qui prédomine. Les Eagles of Death Metal, groupe de rock californien très populaire, viennent donner un concert le soir du 13 novembre.

À 16 h 59, le concert affiche complet. Mille-cinq-cents spectateurs sont présents. L'Olympia peut accueillir mille-neuf-cents personnes et le Zénith, cinq-mille-huit-cent-trente.

Les nouveaux propriétaires ont déjà reçu des menaces. Un des membres de Jaish al-Islam – l'Armée de l'islam – avait déclaré en 2011 : « Nous avions un projet d'attentat contre le Bataclan parce que les propriétaires sont juifs. » Ils planifiaient un attentat en France et avaient pris pour cible la salle de spectacle parisienne. Principal reproche : le Bataclan accueillait des conférences ou galas pour des organisations juives ou israéliennes, comme la police aux frontières israélienne.

Omar Ismaïl Mostefaï est né le 21 novembre 1985 à Courcouronnes, dans l'Essonne. C'est en découvrant un doigt sectionné dans l'enchevêtrement des corps du Bataclan que les enquêteurs ont identifié ce Français de vingt-neuf ans comme l'un des assaillants du concert. Installé à Chartres, dans l'Eure-et-Loir, cet homme avait été condamné à huit reprises entre 2004 et 2010 pour des faits de droit commun –outrages, conduite sans permis, etc.

« Il faisait l'objet d'une fiche S[1] pour des faits de radicalisation, a expliqué François Molins, le procureur de Paris. Mais il n'avait jamais été impliqué dans une filière ou un projet terroriste. » Selon *Le Journal du Centre*, il se serait radicalisé dans une mosquée située à Lucé, à proximité de Chartres, auprès d'un prosélyte marocain venu de Belgique.

Samy Amimour, né le 15 octobre 1987 à Paris, est originaire de Drancy, en Seine-Saint-Denis. Il grandit dans une famille musulmane décrite comme occidentalisée. Après avoir échoué à l'université et au sein d'un IUT de logistique, il est embauché comme conducteur

1 Menace pour la sûreté de l'État.

à la RATP en 2012. À partir de l'été 2012, il commence à adopter la tenue vestimentaire des musulmans salafistes et à l'automne 2012, il quitte soudainement son entreprise. Le 15 octobre 2012, Sami Amimour est auditionné avec deux autres personnes, Samir Bouabout et Charaffe al-Mouadan, par la DCRI[1], qui soupçonne les trois jeunes gens de vouloir se rendre au Yémen ou en Afghanistan pour faire le *djihad*. C'est avec al-Mouadan que Sami Amimour suit des cours de tirs à l'Association nationale de tir de la police, dans le XVIIIe arrondissement de Paris. Amimour est finalement relâché rapidement mais reste cependant placé sous contrôle judiciaire. En septembre 2013, Sami Amimour se rend en Turquie. Les services secrets turcs le repèrent le 6 septembre : il est accompagné d'Ismaël Omar Mostefaï – l'un des trois terroristes du Bataclan – et de Samir Bouabout, avec lequel il avait planifié en 2012 un départ raté pour le *djihad*. Sami Amimour franchit la frontière avec la Syrie et y rejoint les rangs de l'État islamique. Kahina, son amie rencontrée sur Internet en 2012, part le retrouver. Ils se marient et s'installent à Racca, la capitale de l'État islamique en Syrie. Sami Amimour prend alors le surnom d'Abou Hajia. Le 29 juin 2014, le père de Sami Amimour va brièvement rendre visite à son fils en Syrie, avec pour espoir de le faire quitter les rangs de l'EI. Mais cette visite se solde par un échec. Après avoir découvert la fuite de Sami Amimour en Syrie, les

1 Direction centrale du renseignement intérieur, aujourd'hui rebaptisée DGSI (Direction générale de la sécurité intérieure).

autorités françaises émettent un mandat d'arrêt international à son encontre. Malgré cela, ce jeune homme de vingt-huit ans parviendra à revenir en France, sans se faire repérer par les autorités, pour participer au carnage du Bataclan. Sami Amimour est vraisemblablement le premier terroriste à avoir été abattu par un courageux commissaire de la BAC arrivé sur les lieux.

Presque un mois après les attentats qui ont touché Paris, l'identité du troisième terroriste est révélée par la police française le 9 décembre 2015. Il s'agit de Foued Mohamed-Aggad, un Français de vingt-trois ans originaire de Wissembourg. Il serait parti en décembre 2013 pour la Syrie avec son frère aîné Karim et sept autres jeunes radicalisés – la plupart provenant du quartier de la Meinau à Strasbourg où a grandi Mohamed-Aggad. Si certains rentrent en France après la mort de deux frères membres du groupe, seul Mohamed-Aggad reste en Syrie et se marie avec une française.

21 h 40.

Un homme en costume est abattu devant la salle du Bataclan par trois assaillants qui pénètrent les lieux par l'entrée principale.

Les terroristes se positionnent devant le bar qui longe le fond de la salle et tirent sur la foule. Un vigile ouvre une sortie de secours au niveau des toilettes, permettant à deux-cents personnes de fuir de la salle de concert.

Un otage explique que les terroristes se sont positionnés au fond de la scène légèrement sur la droite et qu'ils tirent en direction des spectateurs qui essayent de s'enfuir par les portes de secours. L'angle de tir des terroristes s'oriente vers la gauche en diagonale. Les otages se trouvant sur la droite des terroristes assistent impuissants au carnage. Ce soir-là, cet otage ne doit sa vie qu'à sa place dans la salle de concert. Les membres du groupe de rock s'enfuient derrière la scène. Des spectateurs sont regroupés dans la fosse devant la scène. Un des terroristes se positionne sur la scène de spectacle. Deux autres montent au balcon. C'est à cet instant que certains otages s'enfuient dans un local technique. Ils sont une soixantaine de personnes serrées les unes contre les autres. Ils entendent les coups de feu. Les otages essayent alors de contacter leurs proches en envoyant des textos.

Un commissaire de police et son chauffeur arrivés sur place abattent le terroriste qui se trouve sur la scène. Mal armés et sans protection efficace, ils sont obligés de ressortir du bâtiment. Trois policiers d'alerte venus leur prêter main forte entrent alors dans le Bataclan mais essuient des tirs sur leur bouclier. À leur tour, ils sont contraints de quitter la salle de spectacle et attendent le renfort de leurs camarades d'astreinte.

00 h 15.

Grâce au texto de détresse d'un otage à l'intérieur du Bataclan qui explique que les terroristes abattent un par un des personnes, le préfet de police donne l'ordre d'assaut. C'est sur la base de cet échange que les autorités ont accéléré leur prise de décision. Le SMS explique

que les terroristes abattent des otages. Sans le sang-froid et les informations données par l'expéditeur, la prise de décision d'intervenir aurait pu être encore plus tardive. Ce message a été transmis par une source interne aux forces de l'ordre à la police.

00 h 18.

À l'étage, l'assaut est donné par les forces de l'ordre. Samy Amimour est près de la porte. Il passe derrière les otages et les attire avec lui. Il rejoint son complice au fond. Les policiers éteignent la lumière. Ils pénètrent en colonne dans le couloir derrière le bouclier et lancent une grenade assourdissante. Un des deux assaillants tire sur les policiers près de l'escalier. Mostefaï tire aussi. Une deuxième grenade est lancée. Une fois les otages extraits, les tirs pleuvent. La tête de colonne de la police s'apprête à poursuivre les tireurs dans l'escalier. Mais en trois minutes, les deux assaillants sont morts : ils se font fait exploser sans faire de victime.

Tout porte à croire qu'Abdelhamid Abaaoud, le probable commanditaire opérationnel des attentats de Paris, a pris part aux fusillades qui ont visé les terrasses des Xe et XIe arrondissements de Paris. En effet, les enquêteurs ont mis en évidence ses empreintes sur une arme ainsi que sur une lampe frontale découverte dans la Seat Leon noire retrouvée à Montreuil, en Seine-Saint-Denis.

Brahim Abdeslam est né le 30 juillet 1984. Il vit dans la commune bruxelloise de Molenbeek-Saint-Jean.

Les autorités belges, soupçonnant la consommation de substances hallucinogènes prohibées dans son bar, ont ordonné, fin août 2015, la fermeture de son établissement situé à Molenbeek. Trois mois après, Brahim Abdeslam actionne sa ceinture d'explosifs à la terrasse du Comptoir Voltaire faisant une quinzaine de blessés. Mais avant cela, Brahim a, selon les premiers éléments de l'enquête, mitraillé de nombreux passants. Ses empreintes ont été identifiées sur une kalachnikov qui a été retrouvée dans la voiture noire abandonnée. Avec Abdelhamid Abaaoud et Chakib Akrouh, il cause la mort de trente-neuf personnes et fait trente-deux blessés graves, avant de se faire déposer par ses complices au café-brasserie du Comptoir Voltaire. Alors qu'il passe sa commande, il se fait exploser en utilisant le même dispositif d'explosifs que les terroristes du Stade de France. On dénombre au comptoir Voltaire deux blessés graves et une dizaine de blessés légers.

L'enquête montre que l'ADN d'une des trois personnes tuées à Saint-Denis est identique à celui retrouvé sur la kalachnikov de la Seat abandonnée à Montreuil. Cet ADN pourrait être celui du troisième terroriste ayant perpétré les fusillades des terrasses dans les Xe et XIe arrondissements. François Molins, le procureur de Paris, a assuré que le « commando des terrasses » était composé de trois hommes. Ce troisième homme aurait-il réussi à prendre la fuite, comme Salah Abdeslam ? Les enquêteurs pensent plutôt que cet homme est celui qui a actionné sa ceinture d'explosifs, cinq jours plus tard, lors de l'assaut de Saint-Denis. Selon *Le Monde*, « les analyses ADN peuvent laisser penser qu'il s'agit du troisième membre du commando des terrasses ».

21 h 25.

Fusillade devant le bar du Carillon et devant le restaurant Le Petit Cambodge. Bilan : quinze morts et dix blessés.

Une Seat noire Leon déboule à toute vitesse et s'arrête au coin des rues Bichat et Alibert devant le bar Le Carillon. Les terroristes, deux hommes jeunes, habillés de noir, sortent de la voiture et tirent sur les clients attablés en terrasse. Ce café est fréquenté par les internes de l'hôpital Saint-Louis. De nombreux clients discutent devant la façade bordeaux. Sur la terrasse du Petit Cambodge, un témoin raconte qu'il est attablé avec son amie quand il voit l'un des deux hommes restés près de la voiture, commencer à mitrailler Le Carillon. Le second terroriste quant à lui, se rapproche rapidement de la terrasse du Petit Cambodge et tire à son tour. Alors qu'il s'apprête à tirer vers la salle du restaurant, un individu réussit à le bousculer sans toutefois pouvoir l'arrêter. Son amie s'est alors mise à courir et lui aussi. Les tirs sont incessants. Un autre témoin aperçoit, depuis son appartement, les flammes qui sortent de l'arme. Quelques minutes plus tard, les tireurs disparaissent laissant des dizaines de douilles sur le sol.

21 h 32.

Devant le bar La Bonne Bière et le restaurant Casa Nostra, les assaillants tuent cinq personnes et en blessent huit. La Seat noire arrive devant les terrasses bondées du restaurant Casa Nostra et du café La Bonne Bière. Comme pour le bar Le Carillon, la même scène se reproduit. Les terroristes mitraillent en rafales les deux établissements. Pendant que l'un tirait, l'autre surveillait les alentours.

« J'ai vu un type qui défouraillait comme un dingue, explique un témoin. C'était comme un dessin animé. Il a tiré une minute sans s'arrêter. » Ce témoin se réfugie derrière la porte de son immeuble, il dit avoir tout vu et affirme avoir entendu deux hommes parler au tireur. « Viens vite, planque-toi, c'est bon ! » lui auraient lancé ses complices. La traque s'organise. Le quartier ressemble à une zone de guerre. La Seat reprend sa course. Les forces de l'ordre retrouvent plus de cent douilles de 7.62, le calibre des kalachnikovs.

21 h 36.

Au 92 rue de Charonne, face au restaurant La Belle Équipe, des individus à bord d'une Seat noire tirent plusieurs fois sur des clients attablés. Ils tuent dix-neuf personnes.

Après les massacres du Carillon, de la Bonne Bière et du Casa Nostra, les terroristes atteignent la rue de Charonne à 21 h. Plusieurs témoins remarquent les trois individus. L'un d'entre eux ouvre le feu sur la terrasse bondée de la brasserie La Belle Equipe, tuant dix-neuf morts en quelques minutes. Les terroristes tirent tout d'abord au coup par coup, certainement pour être précis, avant de tirer en rafales. Un témoin décrit une scène apocalyptique. « C'était l'horreur. Les blessés criaient », raconte un ex-patron des urgences. Il est le premier sur les lieux. Certaines personnes sont malheureusement déjà décédées. Une quinzaine de clients sont à terre, devant le bar, blessés par balles dans le ventre, dans le thorax et dans le dos. Ce n'étaient que des jeunes. Pendant ce temps, les trois assassins sont remontés en voiture. Ils sont brièvement pris dans un bouchon causé par les badauds autour de la scène. Comble de cynisme, l'un des terroristes crie alors : « Attention, il y a une fusillade ! » par la fenêtre de sa Seat, pour créer la panique et se dégager un chemin.

21 h 40.

Au bar Le Comptoir Voltaire, au 23 boulevard Voltaire, un kamikaze actionne son dispositif explosif. Une personne est grièvement blessée.

Quatre minutes après l'attaque meurtrière perpétrée à la Bonne Bière, est-ce le même terroriste qui va froidement et tranquillement s'arrêter au Comptoir Voltaire ? Le patron du bar voit un homme s'assoir en terrasse. Il commande un café à la serveuse et il se fait exploser. Il porte sur lui le même dispositif explosif que celui utilisé aux abords du Stade de France. L'employée du Comptoir Voltaire est sérieusement blessée à l'abdomen et au thorax, ainsi qu'une quinzaine de clients. De nombreux témoignages affirment que ce terroriste avait deux complices qui se sont échappés.

La prise d'otage du Bataclan est un cas d'urgence inouïe. Le réflexe du commissaire et de son chauffeur a été exemplaire. Ils se sont portés immédiatement sur les lieux et ont agi avec courage et détermination. En abattant le terroriste sur la scène, ils ont permis de sauver de nombreuses vies.

Seules de petites unités, constituées avec un effectif minimum de cinq et équipées d'un petit bouclier, de gilets pare-balles et d'armes d'épaule, peuvent intervenir rapidement. Elles peuvent être envoyées rapidement en voiture sur un lieu visé par une attaque terroriste. La police peut compter sur l'aide de la gendarmerie mobile qui possède de nombreux postes fixes de sécurisation. Ces petits détachements peuvent être augmentés de quelques éléments pour pouvoir assurer une intervention immédiate. La Garde républicaine assure la sécurité de toutes les institutions de la République. Forte d'un effectif de près de trois-mille gendarmes, elle dispose de casernes dans Paris et compte parmi ses unités sept pelotons d'intervention. Ces pelotons d'intervention de la Gendarmerie sont aguerris et entrainés à faire face aux arrestations et aux situations à risque.

Dans chaque caserne, une alerte peut être mise en place vingt-quatre heures sur vingt-quatre. Puisque ce 13 novembre 2015, vers 21 h 40, les terroristes sont au Bataclan, il faut donc se rendre le plus rapidement sur les lieux, et les différents services de renseignement doivent donc très vite se concerter et échanger leurs informations. Ce jour-là, ce ne sera malheureusement pas le cas puisque le mécanisme de l'échange efficace d'informations entre tous les services s'est enrayé.

Au GIGN, quand un officier est d'alerte, il est chez lui, prêt à partir en intervention. Il est responsable d'un groupe de quinze gendarmes qui, comme lui, sont soumis au même régime, bloqués à la maison et prêts à intervenir. En France, il y a quelques années, on trouvait encore une police de proximité. Ces policiers faisaient un travail formidable sur le terrain. La prévention est le meilleur moyen pour combattre la délinquance. Cette police avait été instaurée à partir de 1994 par le gouvernement de Lionel Jospin. Elle a été supprimée à partir de 2003 par le ministre de l'Intérieur de l'époque. Cette suppression a été une erreur car personne n'est venu les remplacer, et dans bien trop de quartiers, on ne voit plus beaucoup de policiers.

Ce 13 novembre 2015, seuls trois policiers de la BRI sont d'alerte immédiate. Douze autres sont d'astreinte chez eux. Les trois premiers policiers de la BRI sont arrivés au Bataclan à 22 h 15 et ont attendu l'arrivée de leurs collègues d'astreinte. Le GIGN était à 23 h 10 près du Bataclan et n'a pas été appelé en renfort. Le RAID est arrivé à 23 h 37. Le RAID et la BRI ont participé aux recherches des frères Kouachi en janvier 2015 en région picarde. Le camion de la BRI a sillonné la Picardie. Le GIGN aurait pu être utilisé par la préfecture de police. La réciprocité n'a pas été appliquée.

Les policiers du RAID sont d'alerte le jour et n'ont pas la même réactivité qu'une force d'intervention militaire, quant à la BRI, elle cumule l'intervention et l'activité de police judiciaire, alors que la première doit demeurer une spécialité à part entière. La seule unité qui est d'alerte vingt-quatre heures sur vingt-quatre est le GIGN, qui peut être sur le lieu d'une intervention trente minutes après le déclenchement d'un signal.

Le 13 novembre 2015, face à de telles attaques la préfecture de police de Paris doit déclencher toutes les unités d'intervention capables d'arrêter ces tueries le plus rapidement possible. Ce ne fut pas le cas. Ce jour-là, de nombreux gendarmes mobiles sont intervenus et leurs renseignements ont été primordiaux pour les forces de police. Les chaînes d'information sont souvent critiquées lors d'évènements graves, pour leurs commentaires. En effet, ces chaînes doivent faire attention à ne pas donner des éléments qui peuvent servir aux malveillants. Aujourd'hui, tout terroriste, délinquant de droit commun et forcené savent que les forces de l'ordre interviennent s'ils sont localisés. La recette est toujours la même. Un périmètre de sécurité est installé pour éviter la fuite de l'individu. Suivant la dangerosité des cibles, des tireurs-observateurs sont installés. Les négociateurs, premiers intervenants, tentent de prendre contact. Les journalistes sont opérationnels. Leurs équipes arrivent très vite sur les lieux. Leur réseau de communication est très étendu. Le centre de communication de la préfecture de la police a été saturé. Ils utilisent leur portable personnel pour pouvoir communiquer. L'appel à témoins, lancé par les chaînes télévisées, leur permet d'avoir des informations précises et immédiates. Ces appels ont une grande importance et permettent de saisir la réalité du terrain. Les renseignements échangés ont une importance cruciale. Ainsi, avoir son téléphone portable sur soi est un atout et permet même aux forces de l'ordre d'avoir des informations qu'ils n'obtiennent pas nécessairement de leur hiérarchie. Ce flux informationnel est inévitablement à double tranchant puisqu'il peut aussi favoriser la malveillance.

Dans une situation comme celle de la tuerie dans les rues du Xe et XIe arrondissements, les informations des chaînes de télévision ont été utiles. Les terroristes étaient en mouvement et ne pouvaient suivre les informations télévisées. Elles ont permis de connaître le cheminement des terroristes qui tiraient sur les terrasses de café, et à beaucoup de citoyens d'être informés des endroits à éviter.

Des témoignages confirment que des gendarmes mobiles en faction pour la protection de certains sites, dans ces arrondissements ont réagi très rapidement par certaines mesures de sécurité. La première, pour celle des citoyens, et ensuite, une mise en place pour tenter d'intercepter les terroristes. Des déplacements communs, policiers et gendarmes, se sont portés au plus proche des évènements alors qu'un terroriste était encore dans la nature et pouvait à n'importe quel moment se faire exploser.

Abaaoud est revenu sur les lieux de la tuerie. Le déplacement de toutes ces autorités politiques sur les lieux ne facilite pas non plus le travail des forces de l'ordre. Ils sont entourés de leurs gardes du corps armés qui ne portent aucun brassard de reconnaissance de leur fonction. Dans cette situation dramatique, on ne sait plus qui est qui et cela sème la confusion. Les personnalités auraient dû attendre que la situation soit plus calme et maîtrisée.

La scène de crime a été passée au peigne fin par la police technique et scientifique, la PTS, après la tuerie. Les corps complets des terroristes n'avaient pas été retrouvés. Des intermittents du spectacle ont réclamé la restitution de leur matériel placé sous scellés le 13 novembre. La police judiciaire parisienne a trouvé la jambe arrachée du corps d'un des kamikazes. C'est en déplaçant un amplificateur que les enquêteurs se sont rendu compte de l'oubli de leurs collègues de la PTS.

Le ministère de l'Intérieur envisage la création de force d'intervention rapide, la FIR, capable d'intervenir en vingt minutes, sur tout le territoire. En 2016, un plan de renforcement des équipements des Brigades Anti-criminalité (BAC) de la Police nationale et des PSIG va être mis en place. Il repose sur trois points importants : la formation des personnels, la dotation de moyens supplémentaires et une nouvelle doctrine d'action.

La formation doit être axée sur les nouvelles méthodes employées par les terroristes. De nouvelles techniques et tactiques doivent être mises en place pour pouvoir contrer ces attaques. Le mode opératoire d'intervention doit être minutieusement étudié, la rapidité et la justesse des tirs est primordiale pour éviter les dommages collatéraux. De nombreuses mises en situation sont nécessaires pour que les forces de l'ordre abordent leur mission dans les meilleures conditions. Les unités vont bénéficier d'une meilleure protection individuelle ; gilet doté d'une plaque balistique plus performant que le gilet individuel de dotation.

Une dotation d'armes plus performantes et modernes est prévue ainsi que des moyens de transmission. Une liaison radio de qualité est indispensable pour ce genre de mission. Une transmission et une organisation minutieuses sont nécessaires entre la police et la gendarmerie, afin que l'ensemble du territoire soit couvert. Les transmissions sont un atout majeur pour la réussite de ces missions

Une nouvelle doctrine d'action et d'intervention permettra à ces unités de renforcer très rapidement les unités présentes sur le terrain. La gendarmerie nationale crée cent-cinquante PSIG dits « SABRE » pour faire face à tout type de crise. Un maillage précis et resserré est nécessaire pour être le plus réactif possible. Actuellement, la seule unité à être projetée à trente minutes est le GIGN. Depuis les attentats du 13 novembre 2015, le GIGN a pris de nouvelles mesures et son temps d'intervention est passé à vingt minutes.

Cette mise en place est possible uniquement si toutes les forces de l'ordre sont solidaires et poursuivent le même but. Ces FIR auront une mission périlleuse. Dès leur arrivée sur une zone sensible, ils seront confrontés à une menace terroriste. Leur formation doit être minutieuse pour leur permettre de prendre en compte, dans les meilleures conditions, les interventions qu'elles auront à mener. Le ministre de l'Intérieur a le mérite de prendre les décisions qui s'imposent face à une menace qui ne cesse de croître. Certains sont optimistes quant à la création de ces FIR, d'autres semblent plus sceptiques, mais la situation est critique, et des mesures doivent être prises rapidement. Le temps n'est plus ni aux revendications ni aux protestations. Espérons que les syndicats de police ne contrarieront pas tous ces projets visant à renforcer la sécurité de nos concitoyens.

L'évolution des actes de nature terroriste nécessite une adaptation des modes d'intervention. La gendarmerie prend des mesures pour combattre ces actes de terrorisme. Il s'agit en particulier, face à une tuerie planifiée, de mettre en œuvre une réponse opérationnelle immédiate dont l'objectif principal est d'empêcher l'ennemi de faire un grand nombre de victimes. Les tueries planifiées perpétrées dans des lieux publics, auxquelles sont aujourd'hui confrontées les forces de l'ordre, se singularisent par la détermination de leurs auteurs à faire le plus grand nombre de victimes en un temps réduit, à refuser quasi systématiquement toute négociation et à mourir peu après le déclenchement de la tuerie.

Lorsqu'ils sont l'œuvre de déséquilibrés, ces actes, aux signaux avant-coureurs faibles, sont généralement commis, sans aide extérieure, dans des sites familiers ou connus de leurs auteurs.

À l'inverse, les actes qui sont l'œuvre de véritables terroristes font souvent l'objet d'une planification minutieuse. Parfois coordonnés depuis l'étranger, ils sont sous-tendus par une idéologie clairement revendiquée, obéissent à des objectifs de déstabilisation institutionnelle et sociale et sont conduits selon des modes d'action de type militaire.

Les tueries planifiées s'articulent généralement autour des phases suivantes.

La phase de destruction : une phase d'homicides multiples pendant laquelle les victimes sont dépersonnalisées et d'abord considérées comme des ennemis par les auteurs des faits.

La phase de retranchement : une confrontation armée avec les forces de l'ordre les premières à riposter, suivie d'un retranchement (spécifique aux attaques de type terroriste). Les terroristes occupent dès lors une position de défense ferme, en un lieu éventuellement reconnu et cherchent à ralentir la progression des forces de l'ordre (incendie, piégeage, otages).

La phase d'affrontement : une mort les armes à la main ou par activation volontaire d'un dispositif explosif ; les auteurs déclenchent un assaut suicide contre les forces de l'ordre, comme à Dammartin-en-Goële.

La gendarmerie met en place un mode opératoire opérationnel. Le schéma tactique est fondé sur les actions des primo-engagés et les primo-intervenants.

Les primo-engagés arrivent de manière fortuite (des patrouilles en général) ou sur ordre près de la zone touchée. Leur mission consiste à évaluer la menace et à renseigner. Ils peuvent ouvrir le feu en cas de légitime défense, pour autrui ou fixer un adversaire par le feu pour le contraindre à se retrancher ou, en dernier ressort, le neutraliser.

Les primo-intervenants sont des unités formées à l'intervention. Ils disposent d'un matériel adapté pour intervenir rapidement, afin de rejoindre au plus vite les primo-engagés. Leur mission est de se projeter au plus vite sur une zone d'action. Les PSIG sont ainsi les mieux implantés sur le territoire. Les PSIG s'imposent, compte-tenu du niveau de formation de leurs personnels, comme des éléments d'intervention de proximité, capables d'être engagés sur un très court préavis. Certains d'entre eux bénéficient, notamment au regard de la sensibilité particulière de leur circonscription, d'un encadrement, d'un niveau de formation et d'un équipement spécifiques.

Les PSIG « SABRE » vont être prochainement créés. Dans le cadre du service courant, ils accomplissent les mêmes missions que les autres PSIG. En cas de tuerie planifiée, ils constituent, en revanche, le pivot de la réponse opérationnelle et agissent comme primo-intervenants.

Compte-tenu de la sensibilité des missions spécifiques dévolues aux PSIG « SABRE », de l'expérience et du niveau d'encadrement qu'elles requièrent, des dispositions particulières sont prévues pour la gestion de ces unités. Il faut assurer une sélection de sous-officiers aptes à assurer ces missions. Une formation spécifique aux techniques d'intervention est également nécessaire ainsi que des mises en situation régulières. Le suivi du maintien en condition opérationnelle est une priorité fondamentale pour pouvoir assurer les missions dans les meilleures conditions. Les responsables de ces unités sont eux-mêmes moniteurs ou secondés par des moniteurs d'intervention professionnelle, les MIP. Leur mission est de contrôler en permanence l'aptitude physique et technique de ses gendarmes. Ils doivent prendre en compte une préparation psychologique. Peu de forces de l'ordre ont été confronté à des actes terroristes d'une telle intensité. Ils seront déployés sur une intervention par les centres opérationnels de renseignement de la Gendarmerie, les CORG.

18 NOVEMBRE 2015
–
SAINT-DENIS

197. C'est ce numéro d'appel à témoin mis en place par le ministère de l'Intérieur, qui sera composé par un de nos concitoyens pour avertir la police de la présence d'Abdelhamid Abaaoud à Saint-Denis. Cet appel ne sera pas tout de suite pris au sérieux. Après vérification, les services judiciaires se rendront pourtant compte que l'individu qui vient de leur être signalé est en France. Un rapprochement est alors immédiatement fait avec sa cousine qui vit à Saint-Denis.

D'après les informations recueillies par les forces de l'ordre, Abdelhamid Abaaoud est le responsable présumé de l'assassinat des nombreux innocents le soir du 13 novembre 2015 et il se trouve dans l'appartement de sa cousine.

Né le 8 avril 1987 à Anderlecht, Abdelhamid Abaaoud est également connu sous ces noms de guerre, Abou Omar Soussi, « Père[1] d'Omar de Souss », région du berceau familial et Abou Omar al-Baljīkī, « Père d'Omar le Belge ». Il est l'ainé d'une fratrie de six enfants. Son père est venu du Maroc pour s'installer en Belgique en 1975. Né à Anderlecht, il possède deux nationalités, la belge et la marocaine. Il grandit

1 Le père d'Abaaoud se prénomme Omar. Dans les sociétés arabo-musulmanes, il est de tradition que le premier né d'un homme prenne le prénom de son grand-père. Ainsi, tant qu'un homme n'a pas eu de fils, il est commun de le surnommer « Abou [prénom de son père] », ici : « Abou Omar ».

à Molenbeek-Saint-Jean, une désormais célèbre commune à forte concentration musulmane.

Ses parents l'inscrivent en 1999 à Uccle dans un établissement scolaire catholique réputé, le collège Saint-Pierre, qu'il fréquentera un an. Un de ses anciens camarades de classe le décrit en ces termes en janvier 2015 :

« Il était très impoli et se foutait de la gueule de tout le monde. C'était un petit con. Par contre, il n'avait rien d'un extrémiste. Quand je l'ai vu dans une vidéo il y a quelques mois, je l'ai reconnu : le même sourire, la même manière de parler. »

Dès 2002, il a des démêlés avec la justice belge et multiplie les séjours en prison, entre 2006 et 2012, pour des délits de droit commun n'excédant pas trois mois.

Condamné pour des affaires de braquage, Abaaoud rencontre en prison, en 2010, Salah Abdeslam, un des autres suspects des attentats du 13 novembre 2015 à Paris.

Son ex-avocat le décrit plutôt comme un suiveur et explique que les faits qui lui étaient reprochés à l'époque relevaient de « la petite délinquance sans grande envergure qui ne révélait en rien ce qu'il allait advenir plus tard».

Une fiche de synthèse des services de renseignement belges précise que son père, Omar Abaaoud, a été auditionné en février 2014. Ce dernier leur a déclaré que la radicalisation de son fils a commencé dès sa sortie de l'établissement pénitentiaire de Forest, à Bruxelles, en septembre 2012, période à laquelle il se met à porter la barbe et à changer de fréquentations.

Abaaoud est la principale figure médiatique du djihadisme belge en raison, notamment, de sa forte activité sur Facebook à partir de février 2013, date à laquelle il gonfle, avec six autres personnes, les rangs de l'État islamique en Syrie. Il y entraîne son jeune frère Younès, âgé de treize ans, pour faire le *djihad* ; Younès est à ce moment-là considéré comme le plus jeune djihadiste de l'État islamique.

Au début de l'année 2014, une vidéo tournée à Azaz par des djihadistes francophones et récupérée par l'Armée syrienne libre est diffusée par BFMTV : Abaaoud y apparaît hilare au volant d'une voiture, tractant les corps de rebelles tués au combat. Cette vidéo a été achetée dans la zone frontalière turco-syrienne par des journalistes français à des membres de l'Armée syrienne libre. Ces derniers avaient retrouvé le fichier vidéo dans un téléphone portable abandonné par des djihadistes dans les environs d'Alep. D'autres images de même provenance – que les médias ont choisi de ne pas diffuser – montrent le djihadiste belge jouant au football avec une tête décapitée.

L'enquête a permis d'établir qu'il a été en contact avec Mehdi Nemmouche en janvier 2014, quatre mois avant le quadruple assassinat du Musée juif de Belgique, et appartenait au même groupe de combattants que l'auteur de cette tuerie.

Un rapport rédigé par le FBI indique qu'Abdelhamid Abaaoud aurait fait appeler sa famille en Belgique pour annoncer son décès. Cette mise en scène lui a permis de faire des déplacements en Europe sans éveiller les soupçons. Il a ainsi pu diriger une cellule de l'État islamique en Belgique et organiser différents projets d'attentats.

Il est considéré comme le cerveau des attentats déjoués à Verviers, le 15 janvier 2015. Il regagne ensuite la Syrie, où il donne une interview à *Dabiq*, le magazine de l'EI, dans lequel il nargue les forces de sécurité belges.

En juillet 2015, il est condamné par contumace par la justice belge à vingt ans de prison dans un procès sur les filières de recrutement de djihadistes belges pour l'État islamique.

Son nom apparaît aussi dans trois dossiers terroristes, avec des degrés d'implication variés : l'affaire du Thalys, l'attaque prévue d'une église de Villejuif par Sid Ahmed Ghlam, ainsi que le projet d'attentat dans une salle de concert en août 2015.

Chakib Akrouh est né le 27 août 1990 à Berchem-Sainte-Agathe en Belgique. Il était inconnu des services anti-terroristes belges. Le Belgo-Marocain, dont les restes ont été identifiés deux mois après les attentats du 13 novembre à Paris et à Saint-Denis, est le troisième assaillant du commando dit « des terrasses ». Son ADN a été retrouvé sur une des trois kalachnikovs laissées dans la Seat abandonnée à Montreuil. Un prélèvement ADN a été effectué sur la mère de l'intéressé et la comparaison de celui-ci avec les échantillons d'ADN prélevés à Saint-Denis ont confirmé qu'il s'agissait bien de lui. Il est un ami intime d'Abaaoud depuis l'enfance.

Le jeune homme était réputé effacé et introverti. Lorsqu'il vivait en Belgique, il fréquentait la mosquée Logman à Molenbeek, tout comme Ayoub El-Khazzani, l'auteur de l'attaque du Thalys Amsterdam-Paris, en août 2015.

Chakib Akrouh est aussi celui qui a été filmé avec Abaaoud dans le métro parisien juste après les attaques, avant de se dissimuler dans un buisson au bord de l'autoroute à Aubervilliers. Il avait aussi été condamné en juillet par contumace à cinq ans d'emprisonnement lors du procès en Belgique d'une importante filière syrienne. Au cours de ce même procès, Abdelhamid Abaaoud, le coordinateur présumé des attentats de Paris, mort lui-aussi durant l'assaut de Saint-Denis, avait écopé d'une peine de vingt ans, selon des médias belges. Il était lui aussi absent au procès.

Abdelhamid Abaaoud pourrait être le commanditaire opérationnel des attentats de novembre 2015 en France.

Les services de renseignement français le considéraient en effet depuis plusieurs mois comme l'un des principaux architectes de projets d'attaques visant le sol français, mais sa présence sur le sol français n'avait jamais été relevée, aussi bien avant, pendant et tout juste après les attentats du 13 novembre.

Alors qu'on le croyait en Syrie, il est révélé *a posteriori* qu'Abaaoud a été repéré par des caméras de surveillance à 22 h 14, ce 13 novembre, à l'intérieur de la station de métro Croix de Chavaux, dans la commune de Montreuil, à 250 mètres de l'endroit où a été abandonnée la Seat noire ayant transporté le commando terroriste qui a mitraillé les terrasses de cafés et de restaurants de l'Est parisien. L'enquête révèlera par ailleurs qu'il a manipulé une kalachnikov retrouvée dans cette voiture et qu'il est également soupçonné d'avoir radicalisé les frères Abdeslam.

L'arrestation doit se faire le 18 novembre 2015. Dans l'appartement, se trouvent Abaaoud et sa cousine Hasna. On ne sait pas encore s'il y a d'autres personnes. Le domicile se situe à Saint-Denis dans un immeuble délabré dans lesquels murs et portes ne sont pas en bon état. Dans ces circonstances, même si la porte est blindée, suivant le calcul de charge, il faudra faire en sorte que l'explosion ouvre la porte immédiatement. Aucune porte, quelle que soit sa matière, ne résiste à un explosif d'une charge suffisante. L'ouverture est primordiale pour pouvoir avoir un effet de surprise. Aussitôt la porte explosée, l'équipe d'assaut investit l'appartement. Chaque binôme se dirigeant vers la pièce qui lui est assignée. L'appartement de petite surface doit être rapidement investi. Abaaoud est un terroriste recherché, son arrestation est donc très importante. Avec tous ces éléments, il apparaît primordial que la porte s'ouvre à n'importe quel prix. De plus, il n'y a pas d'otage. Le stress est donc géré différemment. La mission est plus sensible et la préparation plus minutieuse puisque les cibles n'ont « rien à perdre » et ne peuvent utiliser des otages comme levier contre les forces de l'ordre. En présence d'otages, l'assaut n'est donné que lorsque la personne à libérer a été précisément localisée.

23 h 30.

La SDAT, la sous-direction anti-terroriste, appelle le patron du RAID pour l'informer que des terroristes seraient retranchés dans un appartement à Saint-Denis.

« Contrairement au GIGN, à la BRI et aux forces spéciales, le RAID possède un état-major mobile », affirme son patron sur BFM TV, alors que dans toutes les unités spéciales compétentes pour ce genre de situations, une cellule de crise est mise en place pour gérer et coordonner avec des moyens de communication appropriés, les unités d'intervention, les observateurs tireurs et tous les renseignements qui pourront lui parvenir – otages, blessés, demandes de moyens, etc. Il est ainsi plus facile de superviser l'ensemble du dispositif. Le compte-rendu de chaque équipe permet de prendre au fur et mesure les mesures qui s'imposent, comme l'ouverture de feu des tireurs-observateurs. Ce point central permet, aussi, de rendre compte aux autorités administratives de la situation.

« Je faisais du *go-between* avec mes hommes, j'étais moi-même dans les escaliers, proches de l'unité d'assaut, puis avec les snipers pour être au plus près de l'action », déclare également le patron du RAID aux médias, alors que courir de poste en poste nuit à la vue d'ensemble nécessaire de tous les éléments de son unité. Il faut en principe une cellule avec un secrétaire, pour collationner tous les renseignements, et un transmetteur pour être en liaison avec ses hommes et les autorités.

Il est également surprenant d'entendre le patron du RAID s'exprimer en direct sur une chaine d'informations en continu en ces termes :

« La porte n'ayant pas explosé, l'effet de surprise a été perdu, ce qui laissait le temps aux terroristes de sauter sur leurs armes et dans leurs slips. »

4 h 16.

L'équipe d'assaut du RAID se déplace jusqu'à l'angle de la rue de la République et de la rue du Corbillon, en plein centre de Saint-Denis. Elle investit l'immeuble pour se positionner à proximité de la porte à faire exploser. L'équipe « explo » pose ses charges sur la porte non blindée entourée de murs vétustes. Des charges explosives sont disposées autour de chaque serrure. Le RAID lance alors l'assaut. Selon son patron, « la porte ne cède pas sous l'explosion et l'équipe tombe sur un feu nourri de la part des terroristes ». Un chien lancé dans l'appartement est tué par une balle de type Brenneke[1]. Sur la façade extérieure de l'appartement, on peut apercevoir des impacts de balle et de grenade de 40 mm. Durant l'assaut, une femme, la cousine d'Abaaoud, crie sa détresse et souhaite sortir.

1 Cartouche de fusil utilisée pour la chasse aux sangliers.

« Ferme ta bouche », sera la seule réponse qu'elle obtiendra du RAID.

Le GIGN privilégie toujours le dialogue et la négociation pour obtenir une reddition. Si un début de dialogue avait été amorcé par le RAID avec la cousine d'Abaaoud, cette négociation n'a manifestement pas été poussée à son terme. Et pour cause, l'explication nous est donnée par Jean-Michel Fauvergue sur BFMTV :

« La négociation m'a échappé, ce que disait la femme terroriste n'était pas passionnant. »

Pourquoi aucune négociation n'a été effectuée alors même que le patron du RAID nous précisait dans cette même interview que « le rôle du RAID est d'interpeller les terroristes pour les mettre à disposition de la Justice » ? Arrêter Mérah, comme Abaaoud et sa cousine, et les remettre vivants à la Justice aurait sans doute permis à celle-ci de remonter la filière djihadiste.

À Saint-Denis, une violente fusillade éclate, entrecoupée, selon les témoins, de plusieurs explosions. Un locataire de l'immeuble se met à la fenêtre les bras en l'air et prend une balle dans le bras. Le bouclier utilisé par le RAID pour cet assaut a lui aussi pris des balles. Cinq-mille cartouches ont été tirées. Selon les déclarations du ministère, une seule arme de poing de 9mm et des explosifs sont retrouvés dans les décombres.

Une équipe d'assaut ne doit être composée que par des éléments qui vont investir les lieux. Que font donc ces policiers en fin de colonne sans leurs équipements d'intervention et de protection ? Pour une arrestation aussi importante, comment une porte non blindée sur un mur vétuste ne s'est pas ouverte ? Avec toute l'expérience de l'unité d'élite, pourquoi poser de l'explosif sur chacune des serrures de la porte en sachant que si une serrure n'est pas détruite par l'explosif, l'effet de surprise n'aura pas lieu ?

« Ne pas pouvoir ouvrir une porte, cela nous est souvent arrivé », explique le patron du RAID sur BFM TV. Après trente ans d'existence, comment cette unité peut-elle toujours ne pas parfaitement maitriser l'ouverture de portes par explosifs ?

Il ajoute qu'« il avait eu l'impression que les terroristes ne s'attendaient pas à une intervention de la police ». L'effet de surprise aurait sans doute joué en faveur du RAID car même chez un terroriste aguerri comme Abaaoud, la préparation de ces attentats engendre une grande fatigue.

On ne peut donc que regretter que l'explosion de la porte se soit mal passée. En effet, si les artificiers du RAID avaient été performants, et si la porte s'était ouverte immédiatement sous l'effet de l'explosion, trois terroristes auraient ainsi pu être remis vivants aux autorités judiciaires.

Comment un chien peut-il être tué par une balle de type Brenneke alors que l'analyse balistique montrera qu'aucun terroriste n'avait ce type de munition ? Diesel, le chien du RAID n'aurait-il pas été tué par un des policiers ?

Comment peut-on affirmer avoir tiré cinq-mille cartouches pendant toute l'opération ? Techniquement, sachant qu'une kalachnikov tire six-cents coups par minutes, cela voudrait dire qu'il y eut plus de huit minutes de tir sans interruption, alors que seules trois-cents douilles de 5,56 mm ont été retrouvées après l'assaut.

On se surprend à penser que les cinq-mille cartouches tirées lors de cet assaut relèveraient plutôt d'une non discipline de tir que d'une opération menée de main d'expert, opération pour laquelle il ne devrait y avoir aucune place laissée à l'improvisation.

Concernant les nombreuses explosions, des impacts sur le mur montrent que des grenades de 40 mm ont été tirées. Certaines ont atteint l'appartement. D'autres grenades assourdissantes, aveuglantes et offensives ont été lancées lors de l'assaut par le RAID, mais jusqu'à présent, rien ne prouve que les terroristes détenaient eux aussi des grenades.

La réponse du RAID a-t-elle alors été vraiment proportionnelle à la menace ? Et, surtout, était-elle adaptée à l'adversaire ?

4 h 31.

Les pompiers arrivent sur les lieux et soignent les policiers blessés. Saurons-nous un jour par quel type d'arme et de calibre ces policiers ont-ils été blessés ?

4 h 45.

Trois personnes sont emmenées par la police. Trois suspects qui se sont rendus aux policiers. Ils sont évacués de l'immeuble, menottés, avant d'être embarqués par un véhicule de police. Certains de ces individus sont alors complètement déshabillés pour « vérifier qu'ils n'aient sur eux aucune ceinture d'explosifs », selon le patron du RAID. Des photos et vidéos de ces suspects nus seront d'ailleurs prises par des voisins et des médias.

Si la sécurité des forces de l'ordre prime, il n'en reste pas moins que même en intervention ou durant une arrestation, la présomption d'innocence reste valable et n'autorise pas le non-respect de la personne humaine. La fin ne justifie pas forcément les moyens.

5 h 07.

Les échanges de tirs se poursuivent. Après une accalmie, la fusillade reprend. Les premières informations commencent à filtrer. Plusieurs hommes liés aux attentats de Paris seraient retranchés dans un appartement. Un périmètre de sécurité de cinq-cents mètres est établi par les forces de l'ordre autour de l'immeuble. Des hélicoptères balaient le secteur de leur projecteur.

Comment peut-on déployer, dans un périmètre non sécurisé, autant de forces de l'ordre non impliquées directement dans ces arrestations ? Ne s'agirait-il pas d'un affichage policier ?

5 h 20.

Des renforts arrivent. Une centaine de policiers du RAID et vingt policiers de la BRI en jeans-basket arrivent sur les lieux. La fusillade est toujours en cours.

Autant de personnel policier déployé, même pour une arrestation à risque, n'est-ce pas tout simplement le signe d'une certaine fébrilité ?

Comment peut-on intervenir dans des tenues civiles aussi disparates alors qu'aucun signe distinctif police n'est apparent ? Une cagoule, un gilet pare-balles et une arme ne font pas de vous un policier.

Des échanges de tirs se poursuivent. Avec le faible armement des terroristes. Mais qui tire sur qui ? La détonation d'un 9mm n'a pas la même sonorité que les armes utilisées par le RAID...

La Force d'Intervention de la Police Nationale, la FIPN, regroupe le RAID, le BRI et les sept ex-GIPN régionaux rebaptisés RAID. Exemple le RAID-13 est déployé dans les Bouches du Rhône, etc.

Ces unités ne s'entraînent jamais ensemble et sont loin de la cohésion des quatre-cents membres du GIGN qui s'entraînent quotidiennement. L'improvisation n'existe pas !

Quel peut donc être le niveau d'intervention de ces unités qui n'ont pas d'entraînement commun ? Quel est l'intérêt d'une intervention commune RAID-BRI alors même que les patrons du RAID et de la BRI ne se parlent pas ?

5 h 30.

Une explosion retentit. Une violente détonation se fait entendre. Les hommes du RAID distinguent une partie d'un corps de femme propulsé hors du bâtiment. À cet instant, ils pensent qu'un kamikaze a activé une ceinture d'explosif. Quelques minutes plus tard, un autre terroriste est touché par le tir d'un sniper de la police depuis l'extérieur du bâtiment.

6 h 20.

Saint-Denis est bouclé. Le centre de Saint-Denis est « en état de siège » selon le maire, Didier Paillard, qui demande aux habitants de rester chez eux. Les lignes de métro, bus et tramway sont coupées dans toute la zone. Les forces de l'ordre sont déployées de manière considérable, voire disproportionnée. L'opération de communication de la police débute.

6 h 53.

Les tirs reprennent après une nouvelle interruption. Une source policière affirme que la cible de l'assaut ne serait autre que le djihadiste belge Abdelhamid Abaaoud, soupçonné d'être le cerveau des attentats de Paris. Les forces de l'ordre font état d'au moins un mort dans l'appartement.

7 heures.

Trois policiers sont blessés. Par qui ?

Des véhicules de transport de l'Armée arrivent sur les lieux, filmés par un journaliste de la chaîne américaine ABC.

Bien tardivement, les militaires de l'opération Sentinelle sont à leur tour déployés dans le quartier. Un affichage tardif de ces soldats qui vont devoir exécuter des missions de la police. N'oublions pas que sept escadrons de gendarmerie mobile sont en renfort permanent pour assurer la sécurité de Paris. Cependant, si ces gendarmes – qui effectuent leur mission en zone police – appartiennent au même ministère que les policiers, ils ne sont pas pour autant associés aux missions de sécurité. La prise d'assaut du Bataclan réalisée par le RAID et la BRI en est le meilleur exemple puisque le GIGN n'y a pas participé.

7 h 30.

L'assaut reprend. De fortes détonations retentissent. La préfecture de Seine-Saint-Denis recommande aux habitants de ne pas sortir dans le secteur et annonce la fermeture des écoles à proximité du centre-ville.

Une fois encore, avec le peu d'armement dont disposaient des terroristes, qui tire sur qui ?

7 h 56.

Deux suspects sont tués dans l'appartement. Un premier bilan est dévoilé par les forces de l'ordre. Deux suspects sont morts, dont la femme – femme non radicalisée ? – qui aurait activée une ceinture d'explosifs au début de l'assaut. Il y aurait bien trois blessés parmi les forces de l'ordre et un homme serait encore retranché dans l'appartement – pas d'otage, alors pourquoi n'y a-t-il pas eu d'utilisation de lacrymogène ?

8 h 55.

Dans un communiqué, le procureur de la République confirme que trois hommes ont été interpellés dans l'appartement et placés en garde à vue. Leur identité n'est pas connue. Il annonce également deux autres arrestations : le propriétaire de l'appartement, qui s'est rendu sur les lieux peu après le début de l'assaut, et une ancienne locataire. « Un ami m'a demandé d'héberger deux de ses potes pour quelques jours », a raconté celui-ci peu de temps auparavant. Plus tard, cet « ami » sera lui aussi interpellé.

10 h 06.

La Police nationale fait état de cinq policiers du RAID légèrement blessés. Elle annonce aussi qu'une chienne d'assaut, Diesel, envoyée « en éclaireur » au début de l'opération, a été tuée par les individus retranchés – en éclaireur ? Au GIGN, on a l'habitude d'envoyer un chien d'attaque.

10 h 30.

Deux individus, qui tentaient de se cacher sur les lieux, sont arrêtés par les forces de l'ordre et emmenés à l'extérieur de l'immeuble.

11 h 30.

L'assaut est officiellement terminé. Les opérations de sécurisation se poursuivent néanmoins dans l'immeuble, qui menace de s'effondrer.

12 h 08.

Arrivé sur place, le ministre de l'Intérieur, Bernard Cazeneuve, souligne la violence de la riposte des terroristes : les forces de l'ordre « ont essuyé le feu pendant de nombreuses heures dans des conditions qu'ils n'avaient jamais jusqu'à présent rencontrées ». Le procureur de la République, François Molins, parle lui d'un « appartement conspiratif ». Au total, cent-dix policiers du RAID et de la BRI – pour un appartement sans otages, un tel déploiement semble excessif et inutile – ont mené l'assaut, qui s'achève sur un bilan d'au moins deux terroristes tués et huit personnes interpellées.

Le corps d'Abaaoud est formellement identifié par le parquet de Paris, le 19 novembre 2015 grâce à ses empreintes digitales.

L'objectif principal d'une telle intervention doit être de récupérer les terroristes vivants et de les remettre aux autorités judicaires, ce qui permettra ainsi aux magistrats anti-terroristes de poursuivre leur enquête et de pouvoir remonter des filières djihadistes, et prévenir au mieux les attaques à venir.

Pour l'opération de Saint-Denis, deux solutions peuvent se présenter afin de procéder à l'interpellation d'Abaaoud, un des plus grands terroristes du moment. N'oublions pas que cet individu est un personnage important, qui détient très certainement un grand nombre d'informations aussi bien sur les attentats que sur l'organisation de Daesh. Il est primordial de l'arrêter vivant pour toutes ces raisons. Comme le montrera plus tard l'enquête, Abaaoud a par ailleurs été aperçu sur les vidéos de surveillance du métro. Des recoupements ont permis de l'associer à sa cousine Hasna. Pour les autorités, il n'y a aucun doute, sa présence est effective.

Après les attentats, les policiers localisent Abdelhamid Abaaoud et Chakib Akrouh. Ils se cachent dans un talus d'une zone d'entrepôts de Seine-Saint-Denis. La piste de cette planque est parvenue par un renseignement signalant la présence d'individus en lien avec les attentats dans une zone industrielle. Les enquêteurs de terrain sont informés le mardi 17. Ils installent une caméra en début d'après-midi en direction du talus et surveillent les allées et venues. À 20 h 10, ils aperçoivent une jeune femme, qui se révélera être Hasna Aït Boulahcen. Elle s'approche des fourrés, un portable à l'oreille. Une minute plus tard, apparaît un homme que les enquêteurs identifieront ultérieurement comme Chakib Akrouh. À 20 h 13, les policiers reconnaissent Abaaoud sortant des bosquets. Les données du téléphone et des restes de nourriture permettent d'établir qu'ils étaient là quelques heures après les attentats. Ils sont restés quatre jours et trois nuits cachés dans ces buissons. Une arrestation en souplesse dans la rue aurait pu être envisagée. Tout était réuni pour une interpellation en milieu ouvert. Il suffisait d'installer un périmètre de sécurité resserré autour de la zone industrielle. Interdire toutes les voies d'accès et, tout en se protégeant des hangars, s'approcher au plus près en utilisant des lunettes de vision nocturne, qui permettent de se mouvoir comme en plein jour. Cachés, les policiers auraient pu renseigner la progression du groupe d'assaut, et installer à distance des tireurs-observateurs.

Le GIGN opte pour cette solution aussi fréquemment que les conditions le permettaient, et nous arrêtions les individus dangereux lors d'un de leur déplacement dans la rue ou au restaurant. Ces derniers sortaient souvent sans arme de peur de tomber sur un contrôle de police. Afin d'éviter tous dommages collatéraux, leur arrestation ne devait rien au hasard et se faisait toujours dans les meilleures conditions de sécurité. Lorsque l'on connaît les habitudes d'un individu, il est facile de monter un piège. La surprise est toujours totale. Les délinquants n'imaginent presque jamais leur arrestation dans un cadre extérieur. Ils pensent toujours que l'on va les cueillir chez eux.

Il n'est pas rare d'utiliser un bleu de travail ou tout autre accoutrement permettant de se déguiser pour approcher discrètement une zone où effectuer un repérage préalable, ou pour appréhender un individu. Ces petits jeux de rôle permettent de s'habituer à l'endroit que l'on s'apprête à investir en général à six heures du matin, et sont un acte préparant efficacement la gestion du stress de l'intervention à suivre.

Si tous les renseignements sur l'appartement de Saint-Denis étaient fondés, pourquoi ne pas avoir essayé de prendre Abaaoud vivant en évitant ainsi des dommages collatéraux ? C'était une solution envisageable qu'auraient étudié d'autres groupes d'intervention.

La recette d'une intervention est toujours la même. Seul l'environnement et la configuration changent.

Tout d'abord, il faut reproduire sur une carte et de manière très précise l'environnement géographique de l'appartement. Avec tous les moyens techniques et humains à notre disposition – cadastre, drones et témoignages –, avoir une situation détaillée du lieu est donc facile. Situer les toits permet par exemple de pouvoir localiser sur plan l'emplacement probable des tireurs observateurs. Ces équipes sont un élément clé du dispositif. Plus la préparation est précise et minutieuse, plus on évitera les surprises qui pourraient survenir. Une fois l'appartement ciblé, on procède alors à une première reconnaissance en voiture banalisée, afin de voir les détails et points particuliers qui peuvent constituer une entrave au bon déroulement de l'opération. Cette reconnaissance se fait avant une deuxième reconnaissance plus minutieuse qui permettra de situer les équipes et les observateurs tireurs. L'intérêt d'utiliser ces techniques de repérage est de permettre de se concentrer uniquement sur l'appartement de façon à prendre en compte le lieu d'intervention dans son intégralité et d'éviter ainsi toute fuite des terroristes. Par ailleurs, il est important d'arriver en toute discrétion pour ne pas attirer l'attention. Dans ce genre d'arrestation sensible, il n'était pas rare pour le GIGN d'envoyer quelques éléments en civil pour prendre la température et se positionner afin de mieux diriger le groupe. Employer cette méthode, dite « entonnoir », amène directement l'équipe d'intervention à l'entrée de l'immeuble.

Lorsque j'ai eu à mener des assauts, mon esprit était concentré exclusivement sur mon investigation et vers cette porte où j'allais poser mon explosif. Cette minutie dans la préparation, associée à une précision dans l'élaboration du dispositif d'assaut, me permettait, ainsi qu'à mes camarades du GIGN, de ne pas craindre un mauvais cheminement pour atteindre l'objectif. Notre esprit n'était programmé que pour l'investigation de cet appartement et de son contenu.

C'est pourquoi un large périmètre de sécurité doit être mis en place en même temps que l'équipe d'intervention et selon le schéma « du plus loin au plus près » : l'équipe d'assaut se trouvera donc à la fin de la colonne qui progressera vers l'objectif. Cette méthode permet de ne pas être détecté par les terroristes avant que l'assaut ne soit donné. Or, trop souvent, le déploiement inconsidéré de forces de police entrave l'efficacité de leur action. Mieux vaudrait alors disposer ces forces de l'ordre de façon à rendre hermétique le dispositif.

Dans une opération comme celle de Saint-Denis, l'enjeu est d'interpeller et de remettre à la justice l'un des principaux terroristes membres de Daesh. Pour parvenir à cette fin, un *timing* précis doit être établi pour la mise en place du dispositif. L'heure de l'assaut ne sera donnée qu'une fois l'équipe d'assaut prête à intervenir. Toutes les forces prévues pour cette opération doivent donc se positionner dans un endroit discret et clos afin d'éviter toute proximité avec le lieu d'intervention. Lorsque nous menions une arrestation en zone police, nous devons les avertir. Pour éviter qu'il fasse passer une patrouille le jour « J » pour perturber notre mission, nous les avertissions au dernier moment.

Une fois ce rassemblement effectué, un débriefing est fait à l'ensemble des forces. Nous appelons ce discours la « Situation générale ». Ensuite, des consignes particulières sont données à chaque élément présent sur le périmètre de sécurité. Il est évident que l'on dispose les unités les plus opérationnelles au plus près de l'intervention. Plus les unités sont proches de l'action et plus les consignes sont minutieuses.

Lors d'un assaut, un gendarme du GIGN porte une vingtaine de kilos de matériel – casque, armement, gilet pare-balles, etc. Il est parfois difficile, avec tout cet équipement, de pouvoir se mouvoir dans des endroits vétustes ou exigus. Dans ce type d'opération « coup de poing » qui demande de la souplesse et de la rapidité, l'équipe d'assaut ne doit donc pas dépasser une quinzaine d'hommes. La colonne d'assaut doit, de fait, être la seule à investir l'immeuble, même si rien n'empêche qu'une deuxième colonne reste à proximité, non visible, pour renforcer ou remplacer la première équipe en cas de besoin. Le rôle de cette seconde colonne est non seulement d'éviter des dommages civils collatéraux mais aussi d'assurer la sécurité de leurs camarades. Au GIGN, ces deux équipes représentent environ une trentaine de gendarmes. On est bien loin des cent-dix policiers du RAID et de la BRI intervenus à Saint-Denis, ou des plus de soixante-dix policiers du RAID lancés à l'assaut de l'Hyper Cacher de Vincennes. Plus on est nombreux et plus le commandement est ingérable.

L'unité d'assaut débarque assez loin pour ne pas être aperçue des fenêtres et longe rapidement le mur pour prendre position dans le couloir, toute lumière éteinte. La progression doit se faire en toute discrétion. Au GIGN, tous les éléments de la chasuble – permettant de mettre du matériel comme double armement – sont disposés de façon à ce qu'ils ne puissent pas émettre le moindre bruit. La colonne fait une halte un étage en dessous pour se regrouper. À ce moment précis, nous sommes dans l'action. Nous répétons les multiples entraînements que nous effectuons quotidiennement dans notre caserne. Nous gérons le bon stress, celui qui vous donne de l'énergie et de la lucidité. Quand il n'y a pas d'otage, il est inutile de multiplier le nombre d'intervenants : six binômes, plus l'équipe « explo », sont suffisants. Les responsables explosifs du GIGN suivent un stage NEDEX[1] – Neutralisation des explosifs – de six semaines. Nous nous formions à la théorie à Villacoublay. Ces cours étaient assurés par des instructeurs interarmées. Durant ce stage, nous confectionnions un colis piégé. Ce colis avait plusieurs piégeages qui pouvaient être un anti-ouverture ou anti-secousse. À la fin du stage, nous échangions nos colis piégés et nous devions les désamorcer. Nous faisions la

1 Neutralisation et Destruction d'Explosifs.

pratique de l'explosif sur un terrain militaire dans l'Est de la France. L'improvisation n'existe pas lorsque l'on manie de l'explosif. Lors du monitorat commando à Mont-Louis, il y avait une inscription, à l'entrée de la salle de cours de l'explosif : « La première erreur est la dernière. » Depuis la création du nouveau GIGN en 2007, une cellule explosifs a été créée. Les gendarmes qui composent cette cellule effectuent régulièrement des stages et mises à niveau afin d'être toujours au fait des dernières innovations en matière d'explosifs ou de mises à feu d'un nouveau type. Sous la protection du binôme de tête, le gendarme responsable de l'explosif se présente alors seul à la porte pour y poser la charge. Cette opération s'effectue sur le côté de la porte pour éviter au gendarme qu'il ne soit la cible de tirs à travers la porte.

Lors de ma carrière au GIGN, j'ai fait exploser des portes et je m'allégeais au maximum de tout matériel afin de pouvoir être libre de mes mouvements. Pour gagner du temps et surtout pour éviter de devoir être devant la porte lors de la pose d'explosifs, nous préparions en amont notre matériel. Nous utilisions notamment le « Sésamex » qui est une sorte de Rubafix autocollant explosif s'appliquant directement sur la porte. C'est une bande explosive souple et auto-adhésive, destinée à des ouvertures rapides par découpage de parois diverses. Il permet aussi le découpage des serrures. Nous avions aussi le Deblindex, un explosif rigide préformé circulaire, destiné au découpage rapide d'ouvertures circulaires sur des surfaces planes. Il est utilisé pour un découpage de portes blindées, pour le passage d'un homme, d'un chien ou pour l'évacuation de fumée. Au fur à mesure des interventions, nous avons remarqué que nous pouvions gagner du temps sur la pose. Lors de nos entraînements, nous avons également remarqué qu'il n'était plus nécessaire d'apposer de l'explosif sur chaque serrure mais sur toute la hauteur de la porte. Pour ce faire nous prédisposions notre bande explosive sur un carton. Nous collions ensuite ce carton sur la porte à faire exploser. Une fois le détonateur placé perpendiculairement sur la bande explosive, nous déroulions alors les fils électriques de mise de feu. Cette méthode, longuement étudiée lors de nos entraînements explosifs, nous a toujours donné satisfaction et le résultat de l'explosion était à chaque fois sans appel : la porte était coupée en deux.

Une fois la mise en place de la charge, nous nous mettions à l'abri. Dans toute intervention du GIGN, le binôme de tête est celui qui monte à l'assaut en se protégeant par un bouclier. Cette masse pare-balles est un véritable rempart face à un tir éventuel des terroristes. La position du binôme de tête était donc très convoitée et tous les gendarmes du GIGN étaient volontaires pour faire partie de cet assaut. Nos préparations d'interventions étaient tellement précises et travaillées que nous n'envisagions jamais le moindre échec.

J'ai maintes fois eu l'occasion d'être un des éléments de ce binôme de tête. Après de multiples entraînements, pouvoir investir en quelques secondes un appartement me donnait non seulement le sentiment du devoir accompli mais aussi celui d'avoir grâce à des entrainements répétés effectuer ma mission en toute sécurité. Grâce à ces entraînements, le stress positif est alors contrôlé, il décuple nos sens et notre efficacité. Une fois l'explosif sur la porte, c'est le chef de groupe de l'assaut qui donne le « top action » qui déclenchera l'explosion. Pour obtenir une réaction rapide et immédiate des gendarmes, nous adoptions la méthode du pincement de l'épaule. Le dernier de la colonne d'assaut pince l'épaule de son prédécesseur jusqu'à atteindre l'élément de tête. À ce moment précis, le chef de la mission sait que son effectif est prêt. En fonction des conditions de luminosité, l'ordre d'investigation sera alors donné par radio ou par geste. Ce moment d'attente est un instant d'émotion intense. Notre concentration est au maximum. Nos muscles sont contractés et prêts à exploser. Le « top action » libère toute cette énergie. Dès l'explosion de la porte, et se déplaçant toujours par deux, l'un protégeant toujours la progression de l'autre, les gendarmes s'engouffrent alors dans toutes les pièces de l'appartement. Chaque binôme investit au fur et à mesure les pièces qui se présentent à eux. L'investigation se fait du plus loin au plus près : on privilégie toujours en premier la pièce où l'on suppose la présence du ou des individus à appréhender. Et lorsque nous est inaccessible la configuration exacte d'un appartement, nous visitons le même appartement à l'étage du dessous.

Toutes les opérations avec utilisation d'explosifs sont traumatisantes pour les individus arrêtés. En effet, non seulement la surprise est totale mais, lors d'une opération, l'effet de souffle de l'explosion ouvre toutes les portes des appartements qui se trouvent sur le palier.

Parfois, lors de l'explosion d'une porte, c'est son châssis complet qui se disloquait. Comme cette investigation ne dure que quelques secondes, les individus sont toujours surpris dans leur sommeil. Une réaction de leur part est impossible. Cinq secondes, c'est court pour notre action, mais c'est long pour un individu qui se réveille.

Notre objectif au GIGN étant de prendre vivant le ou les individus ; la mission était pour nous une réussite quand ce but était atteint. La mission n'est terminée que lorsque nous avons fait la fouille de sûreté. Une fois la mission terminée, nous assurions alors la sécurité des lieux laissant ainsi à nos camarades gendarmes des sections de recherche ou à l'IRCGN – l'Institut de recherche criminelle de la gendarmerie nationale – le soin de commencer leurs investigations. Le GIGN ne quitte ensuite les lieux qu'une fois la zone entièrement inspectée et sécurisée. La réussite d'une opération ne peut pas et ne doit pas laisser place au laisser-aller.

Nous nous détendions que lorsque nous étions dans les véhicules pour rejoindre notre cantonnement. Il est parfois difficile de trouver un conducteur. Nous tirions au sort. Je gagnais toujours car j'adorais conduire. Ce moment privilégié, alors que mes camarades dormaient, me permettait de me remémorer tous les détails de notre intervention. Après chaque intervention, nous établissons un rapport pour signaler les problèmes rencontrés.

Cette méthode d'investigation est en permanence améliorée et travaillée. C'est grâce à nos nombreux entraînements et répétitions que nous sommes parvenus à réussir nos interventions et à gérer le stress.

Un grand journal nous apprend qu'Hasna Aït Boulahcen est amoureuse de son cousin depuis l'âge de seize ans et qu'elle a failli l'épouser. Elle est allée le chercher dans un buisson à Aubervilliers. Il s'y est caché quatre jours. Les policiers qui filent Hasna ont installé des caméras de surveillance en face du buisson. Ces écoutes ont saisi des bribes de conversation. Abaaoud s'est vanté devant sa cousine d'être à la tête d'un réseau de quatre-vingt-dix kamikazes dans la banlieue parisienne, prêts à passer à l'action durant les fêtes. Il lui a affirmé avoir profité de la vague de migrants arrivés en Europe cet été pour se rendre en France. C'est à ce moment qu'il fallait arrêter Abaaoud. Après le massacre de tous ces innocents en plein Paris et au Stade de France, quelle belle victoire cela eut été si ces terroristes avaient été pris vivants ! Cette arrestation aurait permis à notre justice de remonter des filières islamiques. Si l'explosion de cette porte avait été réussie, nous aurions trois terroristes derrière les barreaux. Pour avoir fait beaucoup de transfèrements d'individus dangereux, la prison est la pire des punitions. Surtout lorsque l'on prend une lourde peine.

Nous ne sommes ni juge, ni procureur. Hasna s'est présentée à la fenêtre et a essayé de rentrer en contact avec les forces de l'ordre. La négociation était possible et elle n'a pas été utilisée. Ce n'est pas avec un langage vulgaire que l'on obtient une reddition. Le Code pénal et le Code de procédure pénale s'appliquent à tous.

Plusieurs semaines après l'intervention de Saint-Denis, le verdict est tombé. Aucune des cinq-mille balles tirées par le RAID n'a touché Abbaoud et sa cousine ! Un journal a eu accès au rapport d'autopsie réalisé sur le corps du coordinateur des attaques. Il n'y a aucune lésion de blessure par arme à feu, confirme le rapport. C'est la mise en œuvre d'un dispositif explosif qui a causé son décès. Son corps a subi un effet de *blast* et de polycriblage par éléments métalliques – des boulons. Abaaoud est mort des suites de l'explosion du troisième homme ayant actionné sa ceinture d'explosifs à l'intérieur de l'appartement.

La jeune fille n'était pas un kamikaze, avec sa ceinture autour de la taille, et un seul pistolet a été retrouvé dans les décombres. Alors comment expliquer les déclarations du patron du RAID d'après lequel ses « hommes ont été accueillis par des tirs nourris » ? Comment expliquer ces plus de cinq-mille munitions tirées par les forces de l'ordre au terme d'une opération de sept heures ?

Seuls onze projectiles de neuf millimètres ont été tirés par les terroristes et mille-cinq-cents par les forces de l'ordre. Je ne m'étendrai pas sur les policiers certainement blessés par leurs camarades et les balles incrustées dans le bouclier qui ont été limées.

Le bouclier utilisé lors de l'assaut est touché à l'intérieur et à l'extérieur par des impacts de balle. Qui a donc blessé les policiers ? De toute évidence, il y a un manque de discipline de tir. Qui donne l'ordre d'ouverture du feu aux tireurs-observateurs ? Les impacts dans la façade démontrent une ouverture de feu sauvage – comme à l'Hyper Cacher où un policier ouvre le feu du milieu de la route. L'immeuble étant friable, il n'est pas exclu que la puissance des munitions des fusils de précision se soient logés dans le bouclier.

Pour de telles opérations les moyens de communications sont primordiaux. C'est le chef de groupe qui gère l'intervention avec l'aide des observateurs. L'ouverture du feu se fait en principe sur ordre ou en légitime défense.

On peut se demander qui a effectivement commandé cette opération.

Et quelle belle communication autour de la mort de Diesel et de la tristesse de son maître ! Lors d'une intervention dans l'Est de la France nous avons perdu deux chiens abattus par un forcené. Malgré la Brenneke dans le corps, le chien est venu mourir aux pieds de son maître. Ce ne sont pas des chiens domestiques, ce sont des guerriers. Personne ne s'aventurait à les caresser. Ce n'est que cette image du chien mort près de son seul ami qui nous avait émus.

Lors de cette intervention, la campagne d'affichage de la police a été parfaite. N'oublions pas que sept escadrons de gendarmerie mobile (dont trois sont affectés à la lourde tâche du palais de justice) sont en permanence en service sur Paris. Ils gardent d'éminentes personnalités de l'Etat en poste statique, poste trop souvent considéré comme inefficace et démotivant, mais qui permet de protéger réellement et de sauver des vies. Mais chut ! Il ne faut pas le dire...

HUMAN BOMB
OU
LE PLAIDOYER POUR LA NEGOCIATION

Érick Schmitt est un entrepreneur du Languedoc-Roussillon. Il est né le 31 juillet 1951 à Burdeau, en Algérie. Il est passionné de pêche. Il quitte l'Algérie en 1963 et s'installe à Cers, près de Béziers. Après son service militaire en 1970, à Paris, il est embauché dans une société d'informatique en région parisienne. À la suite de son expérience parisienne, il crée une société informatique à Béziers. Son entreprise est mise en faillite quatre années plus tard. À quarante-et-un ans, il est inscrit comme chômeur à l'ANPE de Béziers durant une année, divorcé et dépressif.

La prise d'otage commence le jeudi 13 mai 1993, vers 9 h 30. Un homme vêtu de noir, avec un casque de motard et une cagoule, entre dans une classe de l'école maternelle du groupe scolaire Commandant Charcot, à Neuilly-sur-Seine. Érick Schmitt, un chômeur dépressif, prend en otage une classe. Vingt-et-un enfants et leur institutrice sont menacés. Il est armé d'un pistolet d'alarme et d'une ceinture d'explosifs et menace de faire sauter la classe s'il n'obtient pas une rançon de cent millions de francs[1].

Au moment des faits, je me trouve dans le XVIe arrondissement. Je me rends immédiatement sur les lieux. Le GIGN est rapidement mis au courant. Premier constat,

1 Environ quinze millions d'euros.

lorsque j'arrive, il n'y a aucun périmètre de sécurité. Il y a du monde partout. Il n'y a aucune interdiction de passage. Pourtant, le *fait divers* est retentissant et la vie d'enfants est en jeu. Je me dirige vers l'école et j'aperçois une salle où se trouvent des personnes. Je m'approche. Un groupe d'hommes se concerte. Ils sont en costume et échangent sur la prise d'otages. Je ressens un flottement évident et un manque d'organisation. Cette réunion ne ressemble pas à une cellule de crise, censée regrouper tous les spécialistes des forces spéciales, en retrait de la salle où se trouve la prise d'otages, et permettre de récolter tous les renseignements nécessaires pour remplir la mission. Une cellule de crise comprend en principe un responsable de l'intervention, un négociateur, et un transmetteur. Ce dernier sera en écoute permanente avec les équipes de terrain pour le suivi de la progression tactique des éléments d'intervention, qui permettra en permanence et en temps réel de donner les renseignements d'ambiance aux autorités administratives et judiciaires. Un secrétaire tient les tableaux et plans à jour. Il y inscrit la position exacte du preneur d'otages, de l'institutrice et des enfants. Un responsable exploitera, analysera et recoupera les renseignements des otages libérés. Un médecin spécialiste des prises d'otages doit également être présent. Une fois les tireurs-observateurs positionnés, la cellule de crise pourra connaître les moindres mouvements du preneur d'otages.

De ma position, je peux apercevoir la classe où s'est retranché l'individu, mais ne vois toujours pas la mise en place d'une quelconque zone de protection. Tout le monde se promène près de la classe où se trouve le preneur d'otages. Je suis médusé par ce spectacle et cette désorganisation. Aucune mesure de sécurité sérieuse n'a été prise. Ce périmètre de sécurité tant attendu et nécessaire dans ce genre d'événements sera finalement rapidement mis en place lorsqu'une autorité policière reconnaît le patron du GIGN, accompagné de deux gendarmes.

Le RAID, qui n'a que dix ans d'existence, est rapidement dépêché sur les lieux, alors que le preneur d'otages n'est toujours pas identifié. Il s'auto-surnomme « Human Bomb » – « Bombe humaine » – ou « HB ». Cette prise d'otage impliquant de très jeunes enfants attire de nombreux médias qui s'installent et font le siège devant l'école. C'est un évènement national.

Un dialogue s'instaure rapidement avec le preneur d'otages. Assez vite, la négociation avec « HB » aboutit à la libération de cinq enfants. Pourtant le preneur d'otages menace de faire sauter la salle s'il n'obtient pas une rançon. C'est une somme énorme ; le montant de cette demande paraît démesuré. D'expérience, un preneur d'otages ou un forcené qui ne communique pas est un individu qui ira jusqu'au bout. Le maire de Neuilly rentre en contact avec le preneur d'otages à 15 heures. À sept reprises, il entre dans la classe pour négocier. Ce contact privilégié permet au maire d'analyser le comportement de Human Bomb. Connaissant l'aisance verbale de ce célèbre élu local, on peut se demander pourquoi l'issue de la prise d'otages fut si tragique alors qu'elle semblait être sur la bonne voie. On ne pénètre pas autant de fois dans une pièce où se trouve un preneur d'otages sans qu'un semblant de lien de confiance ne se soit instauré.

Grâce à ces allers-retours et à la négociation avec le preneur d'otages, celui-ci ne finit plus que par retenir six écoliers. Pour quelqu'un de déterminé, c'est faire beaucoup de concessions. Est-il vraiment l'homme terrible et sanguinaire qu'il veut faire paraître ? À aucun moment les enfants n'ont été malmenés, même s'il menace formellement d'exécuter des enfants s'il n'obtient pas la rançon demandée. Grâce aux moyens sophistiqués d'observation qui permettent de voir sans être vu et d'entendre sans être entendu, les policiers identifient de l'explosif placé près des portes et la présence d'une ceinture explosive autour de sa taille.

Le matin du samedi 15 mai 1993, quarante-huit heures après le début de la prise d'otage, HB commence à montrer des signes de fatigue. Après deux jours de tension extrême et de stress, il s'assoupit. Pour être sûr que Human Bomb dorme bien, les forces de l'ordre versent un somnifère – dont l'efficacité a été préalablement testée sur l'un des leurs – dans un des cafés qu'on lui porte régulièrement. La fatigue et le somnifère finissent inévitablement par assommer l'individu. C'est à ce moment que les policiers décident de passer à l'action.

Pour éviter que HN ait une réaction négative et inappropriée, un médecin-capitaine des pompiers de Paris, qui s'occupe des enfants, est mise dans la confidence de cette stratégie. Afin de s'assurer que le preneur d'otages est endormi, elle va déplacer des meubles bruyamment puis s'approcher de lui. Une fois certaine que HB dort bel et bien, elle doit déboutonner la veste du preneur d'otages, face à l'objectif d'une mini-caméra disposée de façon à apercevoir le corps de HB. La médecin capitaine des pompiers s'approche de lui et le secoue. Mais après quarante-huit heures d'éveil et un café drogué, celui-ci reste inerte. Désormais certaine que HB est profondément endormi, elle donne le signal aux forces d'intervention.

Vers 7 h 25, huit policiers pénètrent dans la salle de classe pour extraire les six derniers enfants. Deux policiers s'approchent de HB : le premier lui tient les poignets et l'autre le tient en joue, prêts à l'abattre s'il se réveille. Schmitt est tué de trois balles dans la tête, tirées à un mètre par un policier du RAID, qui expliquera lors de son audition que celui-ci avait bougé.

D'une manière générale, la négociation est un processus de communication mutuelle visant à atteindre un accord entre des parties en conflits. Chacun d'entre nous a déjà eu à négocier une prime, une augmentation de salaire, et la plupart des négociations sont gagnées d'avance lorsqu'elles ont été minutieusement préparées.

« Qui négocie ne commande pas, qui commande ne négocie pas. »

La négociation est un processus, une situation dynamique, mouvante, incluant mouvements et contre-mouvements. Négocier, c'est observer, analyser, intervenir avec tact et, trouver des voies et moyens de sortie pour les différentes parties impliquées dans le conflit.

La négociation est une rencontre, un échange qui mérite mieux qu'une improvisation, et plus l'enjeu est de taille, plus elle mérite préparation. Les principes directeurs d'une négociation réussie sont fondés sur l'intérêt des uns et des autres, parties au conflit. Une négociation peut être unilatérale.

La préparation de la négociation requiert qu'une enquête soit menée pour connaître la personnalité, l'histoire, le langage et même la culture de l'individu ciblé. Il faut identifier ses points forts et ses points faibles. Ces informations s'obtiennent par contacts avec des tiers, par des questions directes, des interrogatoires, des conversations, des accusations avec confrontations, des enquêtes ou simplement la présence physique des forces de l'ordre sur place.

Avant une négociation, il faut s'informer sur la situation de crise, trouver le bon interlocuteur avec qui négocier, clarifier les marges de manœuvres avec les supérieurs, préparer des « issues de secours », identifier les différends entre les parties en conflit et coordonner les actions de cette négociation avec les forces de sécurité en place.

La conduite de la négociation exige avant tout d'enclencher une démarche pour prendre contact avec les représentants des parties en conflits, choisir un cadre idéal et neutre, « briser la glace », établir un climat de confiance et de respect entre les différentes parties, fixer les règles du jeu et assurer la police des débats – car le débat peut alors avoir lieu : il faut permettre aux parties de présenter leurs positions respectives et leurs opinions, écouter attentivement, prendre des notes, être patient même lorsqu'on dévie du point principal, alterner l'ordre de la discussion, corriger au fur et à mesure les informations erronées, canaliser délicatement le dialogue vers le sujet principal et observer une *neutralité absolue* durant l'échange. Il arrive parfois qu'il faille se positionner et donner des consignes strictes pour pouvoir ramener la personne à la raison.

Il est nécessaire de résumer constamment les points d'accord atteints pour éviter de se perdre dans des détails secondaires. Si une solution n'est pas trouvée, on peut suspendre momentanément la négociation. Lorsqu'un terrain d'entente a été trouvé, les parties doivent résumer les accords conclus.

La résolution d'un conflit par la négociation fait intervenir plusieurs interlocuteurs dont le principal est le négociateur, élément du dispositif rompu aux techniques de négociation, de communication et d'entente, dans le but d'arriver à un accord honnête en respectant les intérêts de la contrepartie. Le négociateur n'est pas un médiateur, une personne neutre qui aide les parties en conflit à identifier leurs intérêts et à résoudre leurs différends par le biais d'un processus d'élaboration bien structuré, ni un arbitre, tiers neutre qui prend les décisions pour les parties.

La qualité de la communication est l'un des facteurs les plus déterminants pour le succès d'une négociation. Les négociateurs chevronnés savent que des erreurs peuvent être faites inconsciemment, soit par voie orale, écrite ou par des signes et/ou des faits. Le négociateur prend en compte l'attitude de la personne avec laquelle il négocie, le style personnel de ses interlocuteurs, leur manière de communiquer, leur émotivité, leur organisation et leur disposition à prendre des risques.

Lors d'une situation de crise, la négociation étant avant tout une affaire de spécialistes, de personnes formées aux techniques particulières de gestion de crise, il arrive cependant que le premier intervenant soit une personne ne maîtrisant pas l'art de la négociation. Il est alors fondamental que l'engagement de cette personne n'aboutisse pas à une aggravation de la situation. L'objet de cette fiche technique est justement d'apporter à celui-ci les points clés fondamentaux pour gérer la phase d'attente avant l'arrivée de l'unité d'intervention.

En effet, les premières minutes lors du contact initial avec le preneur d'otages sont particulièrement délicates. En effet, elles se caractérisent comme étant les plus dangereuses physiquement, les plus risquées quant au processus de décisions des individus hostiles, les plus incertaines quant à leur issue, et les moins précises et complètes en renseignements utiles. De plus, elles génèrent à la fois un grand stress chez les preneurs d'otages ou les individus hostiles mais aussi chez le premier intervenant, quel que soit l'expérience de ce dernier en matière de négociation.

Deux cas différents peuvent se présenter : soit aucun *dialogue* n'est possible avec les belligérants – appel ou contact unique, lecture d'un message audio ou vidéo pré-enregistré – soit un contact est établi, qu'il soit physique, vocal, téléphonique ou par d'autres moyens de communication. Dans les deux cas, il est important de faire préciser à l'auteur, comment il sera possible de reprendre contact avec lui. Lorsqu'aucun dialogue n'est possible, il faut se limiter à ce qu'on appelle « EOR » – écouter, observer, rapporter – et à noter tous les détails même les plus anodins : la voix, le ton l'accent, la langue, l'allure, les vêtements, le comportement, des données anthropométriques, l'armement, etc.

Faire répéter est une astuce utilisée en négociation et relève de ce qu'on appelle la compréhension passive. *Je n'ai pas bien compris, pourriez-vous répéter s'il vous plaît ?*

Lorsqu'un dialogue est enclenché, le négociateur a deux objectifs immédiats : tout d'abord éviter d'aggraver la situation et ensuite stabiliser la situation existante. Pour ce faire, le négociateur essaye de gagner du temps, se dégage impérativement de tout pouvoir décisionnel, recueille des informations sans les sélectionner ni les interpréter. Il veille à conserver une trace de tout le dialogue et à laisser s'exprimer son interlocuteur. Il prend en compte – ce qui n'est pas une acceptation – ses exigences sans discuter, fait répéter, n'écarte aucune revendication, et ne donne pas d'ordres. Le négociateur minimise les conséquences de la situation, évite la tromperie, n'offre rien, ne promet rien, ne propose pas de solution de rechange, ne dit jamais non – *Vous devez me rappeler avant une heure, sinon ça ira mal... – Je ne suis qu'un intermédiaire, laissez-moi du temps pour adresser vos doléances aux autorités...* Le négociateur n'implique pas de tiers ni de personnes nommément désignées, notamment en évitant de faire négocier les autorités et n'accepte pas d'échange. Dans certaines situations, on déroge à cette règle.

Lorsqu'il y a des otages, il convient de faire en sorte que l'attention du preneur d'otages ne se porte pas sur eux – le mot « otage » ne doit pas être prononcé.

Face au dialogue qui se distend entre l'individu hostile et les forces armées, face à la tension qui se crée, l'attitude défensive de l'ennemi, les barrières à la discussion, le négociateur doit à tout prix induire un changement de comportement et d'attitude chez son interlocuteur, ce qui commence par l'écoute et l'empathie. Une fois un lien établi sur ces bases, l'influence est possible.

Le but de l'écoute active est donc de diminuer l'emprise émotionnelle sur la situation de crise et d'obtenir le retour du sujet vers un état normal, plus rationnel, d'établir un contact et une influence, de recueillir des informations et encourager le changement de comportement. L'écoute active n'est pas du conseil, du jugement ou un moyen de persuasion. Ce ne sont pas les idées ou les actes du négociateur qui doivent être mis en avant. Il ne faut jamais non plus discuter de sujets non évoqués par l'interlocuteur.

Ce que requiert une bonne écoute active, c'est montrer que l'émotion de la cible est entendue et comprise par le négociateur ; identifier les émotions les plus profondes, les sentiments sous-jacents – les individus ressentent souvent des émotions différentes et contradictoires en même temps. *Vous avez l'air en colère... Vous semblez mal... Je devine votre solitude... Tu as l'air trahi ... abandonné...* Si ces réflexions suscitent une mauvaise réaction, le négociateur doit reformuler ses propos : *Je n'ai pas dit que vous étiez en colère, j'ai compris que vous paraissiez en colère.* Il est extrêmement utile et efficace d'identifier les émotions qu'un individu ressent alors même qu'il ne les a pas identifiées. *Je peux entendre la colère dans votre voix, et il me semble que cette situation vous fait mal aussi.* Il ne faut jamais laisser un sentiment s'exprimer sans l'avoir identifié, car les gens aiment savoir que les autres comprennent ce qu'ils ressentent. Comme dirait Freud, *les sentiments non exprimés ne meurent jamais*.

La voix est le principal outil du négociateur. Sa manière d'énoncer les choses, les inflexions et les modulations de sa voix, sont plus importantes que les mots employés, elles doivent notamment convaincre de la sincérité du négociateur, c'est l'élément capital. L'inflexion de la voix à la fin – voix montante ou descendante – peut être utilisée soit pour montrer que l'on a compris soit pour encourager ou inciter l'individu à continuer de parler. Le ton ne doit en aucun cas être criant, sarcastique ou punitif.

Le négociateur doit également savoir utiliser à bon escient la paraphrase, afin de reformuler les paroles échangées avec son interlocuteur pour leur donner plus de signification. Répéter une phrase en utilisant d'autres mots donne à l'interlocuteur l'impression que sa doléance est prise en compte. *Ils parlent toujours et ne font pas attention à ce que je dis. – Ils ne vous écoutent pas. Ils ne font pas attention à ce que je leur dis et cela me met en colère. – Ils vous mettent en colère.*

Le négociateur instaure un effet miroir bénéfique, résumer au fur et à mesure ce qui se dit, reformule l'histoire de l'interlocuteur et ses sentiments mais avec ses propres mots : *Ok, tout ce que vous m'avez dit jusqu'à présent c'est... et par conséquent, vous vous sentez... C'est bien cela ? C'est bien ce que vous m'avez dit ? Est-ce que je vous ai bien compris ?*

L'usage des questions ouvertes est très important. Elles impliquent nécessairement une réponse plus détaillée, autres que *oui* ou *non*. Il convient de favoriser les *quoi, comment, quand, qu'est-ce qu'il s'est passé aujourd'hui ? Que vous est-il arrivé aujourd'hui ? Comment voudriez-vous faire ?* Cela montre un intérêt et convainc de la sincérité et de la compréhension mutuelle, mais cela donne aussi une liberté de réponse tout en cadrant le champ de la conversation – il ne faut jamais donner l'impression de mener un interrogatoire.

Des encouragements minimums sont de mise, par réponses brèves, des bruits, des acquiescements, qui indiquent que le négociateur est bien présent et écoute attentivement. Ils sont à utiliser particulièrement quand l'individu détaille une idée ou qu'il parle pendant un long moment. Il veut savoir si vous êtes là et si vous écoutez bien. Ces encouragements doivent être utilisés à bon escient, car ils peuvent distraire ou relâcher l'attention du négociateur, donc il convient de les combiner avec la paraphrase, par exemple.

Les silences utiles se placent immédiatement avant et après avoir dit quelque chose de significatif et aident à se concentrer et à analyser la situation et ce qui est dit. Ils montrent à l'interlocuteur que la conversation devient sérieuse, qu'elle prend un tour important. Enfin, ces silences permettent d'être une réponse appropriée à la colère, après quoi il convient généralement d'attendre jusqu'à ce que l'individu demande au négociateur s'il est toujours en ligne.

Lorsqu'une relation de confiance mutuelle est établie, il faut veiller à ne pas détruire ce lien par certaines erreurs, comme la phrase *calmez-vous*, souvent perçue comme un ordre qui va empirer la colère de l'individu. De plus, il s'agit souvent de la phrase employée quand on veut arrêter une conversation au lieu d'apporter une solution au problème. Il faut donc préférer par exemple : *Je comprends.* La question *pourquoi ?* est également à proscrire. L'interlocuteur se sent accusé et se met sur la défensive, tout comme avec *vous devriez*, compris comme un jugement sous forme de conseils, une impression de supériorité qui fait passer le négociateur pour un donneur de leçons. Toujours préférer : *Je vois, j'entends que vous êtes en colère, Je vous écoute* ou encore *Qu'est ce qui a causé cela ?*

L'utilisation du « je » est très importante lorsque la discorde est persistante : *Quand tu..., je sens que..., parce que...* Cela permet de confronter l'individu à son attitude qui est contre-productive, sans toutefois apparaître comme un donneur de leçons. Exemple : *Quand tu me hurles dessus, je me sens frustré parce que cela m'empêche de pouvoir t'écouter, cela m'empêche de poursuivre le dialogue avec toi.*

Revenons-en à Human Bomb. Tout doit être mis en œuvre pour déterminer l'identité du preneur d'otages, le passé de celui qui s'est enfermé dans la salle de classe, les connaissances ou la famille qui pourraient l'amadouer et obtenir sa reddition. On se penche également sur la disposition des salles, du lieu où se trouve l'individu, du nombre d'enfants, des déplacements et comportements du preneur d'otages. Les négociateurs auraient dû se pencher sur son passé et ses attaches familiales – un membre de sa famille peut parvenir à raisonner un homme retranché. On consigne aussi les auditions des personnes libérées. Toutes ces précisions permettent une reconnaissance minutieuse, et d'aborder le problème avec précision.

La facilité avec laquelle le maire est entré en contact – quarante-huit heures durant – avec le preneur d'otages démontre d'emblée que l'individu est accessible. D'autant plus que ce dialogue fut fructueux puisqu'il a contribué à la libération de nombreux enfants : cinq rapidement, quinze en tout. Ce comportement démontre une certaine vulnérabilité. Après deux jours, drogué par un somnifère, il dort d'un sommeil très profond. Il ne reste plus qu'à attendre le moment propice pour passer à l'action, le capturer pour le remettre ensuite aux autorités judiciaires.

Hélas, la recherche d'information sur son identité et son passé n'ayant pas été menée à son terme, ce n'est qu'après sa mort que l'on apprendra qui se cache derrière le pseudonyme de Human Bomb. La négociation a failli. Cet homme n'était qu'un pauvre homme qui n'en pouvait plus, il ressemblait à tous ces désespérés qui, un jour, à bout de nerfs, « pètent les plombs ». Son parcours est celui d'un citoyen normal qui bascule le jour où son entreprise fait faillite. Acculé par les dettes, ce naufragé de la société a mis en émoi la France entière en s'attaquant à une école maternelle. Rarement la mort d'un homme aura soulagé autant de gens.

Fallait-il vraiment tuer Érick Schmitt ? Dès le lendemain, la polémique naît. Le numéro de juin de la revue *Justice*, accuse le ministre de l'Intérieur d'avoir commandité cette mort pour des raisons politiques. Le tireur du RAID, qui a visé à trois reprises la tête d'HB, n'aurait pas été menacé par le forcené, qui était alors assoupi et drogué. Les conditions de la légitime défense invoquées pour justifier ces tirs n'auraient peut-être pas été réunies. La famille d'Érick Schmitt saisit donc la justice pour homicide volontaire avec préméditation. Pourquoi le RAID n'a pas prévenu le procureur de la République, pourtant joignable à tout moment, avant l'assaut final ? Le forcené dormait-il ? A-t-il bien avalé le café drogué préparé par le médecin ? Ces questions resteront sans réponse. Charles Pasqua, qui a porté plainte à deux reprises contre les magistrats du Syndicat de la magistrature pour diffamation, gagne ses deux procès en 1995. L'instruction ouverte à la demande de la famille d'Erick Schmitt aboutira à un non-lieu.

Un procureur est toujours joignable par sa permanence téléphonique. Or même les magistrats instructeurs n'ont pu mener une instruction claire et limpide sur ce dossier, laissant penser que le RAID s'est comporté comme un bras armé de l'exécutif plutôt que comme une unité de forces de l'ordre au service de la justice.

Le comportement et l'attitude de Human Bomb durant toute la prise d'otages permettait de mener à bien une vraie négociation. Celle-ci aurait très certainement abouti à la reddition d'Erick Schmidt sans qu'il ne soit fait usage des armes par les forces de police. Et Human Bomb aurait alors pu être appréhendé pendant son sommeil au lieu d'être abattu de trois balles.

Je pense à une phrase du premier patron du RAID. Cette phrase est d'ailleurs reprise dans le livre écrit par un autre ancien patron du RAID, super-patron qui, dès son arrivée en 2007, s'est mis à l'écriture. Son livre est sorti en 2009, deux ans plus tard, et dit :

« Autant par courtoisie que par curiosité, j'ai pris soin de contacter le GIGN, bien qu'il n'ait jamais été question de copier ses méthodes » – l'affaire Human Bomb montre effectivement que les méthodes du RAID sont à l'opposé de celles utilisées par le GIGN.

Lors d'une émission sur un plateau d'une chaîne publique, un journaliste pose une question à un ancien patron du RAID. Il lui demande :

« Si vous trouvez quelqu'un de la famille ou un ami qui puissent adoucir le preneur d'otage pour obtenir sa reddition, l'utiliseriez-vous » ?

Le patron du RAID lui répond alors que lorsqu'il est dans le tube de l'intervention, il n'en sort plus. C'est-à-dire qu'aucun élément externe ne vient perturber sa mission.

Après la mort de HB, je ne me souviens pas avoir lu une quelconque déclaration du médecin pompier qui a donné le signal de l'assaut. Et pourtant, je pense qu'elle a des choses à dire. Cette prise d'otages à la maternelle de Neuilly marque la fin d'une période pour le RAID, qui, depuis, ne privilégie plus la négociation lors de ses interventions. Son patron actuel, lors de l'assaut de Saint-Denis, a déclaré : « La négociation m'a échappée, ce que disait la femme terroriste n'était pas passionnant. »

N'en déplaise au patron du RAID, tout échange en négociation est toujours passionnant car il peut déboucher sur une reddition.

La sœur d'Erick Schmidt a toujours été persuadée que son frère a été abattu alors qu'il était endormi. Après avoir fermé son salon de coiffure à Béziers, déprimée, elle s'est donnée la mort en 2012, ne s'étant jamais remise de la mort de son frère.

Le 3 décembre 1985, je suis confronté à un forcené, à Beaumont en Argonne, dans les Ardennes. La cellule négociation n'existe pas à cette époque. Le GIGN doit alors neutraliser un forcené qui s'est retranché, avec une arme de chasse de calibre 280 Remington, après avoir ouvert le feu sur son épouse. Il menace de faire feu sur les gendarmes qui viendraient l'arrêter. La veille, nous avions été mis en alerte à 2 h 30 pour intervenir dans l'Est. Une fois la reconnaissance minutieuse des lieux effectuée, les différentes équipes se mettent en place. Nous installons un appui avec un Manurhin à lunette huit pouces face à la façade de la maison qui donne dans la rue. Il y a deux équipes d'investigation : une côté jardin et une autre côté rue. Je dirige une troisième équipe qui est chargée de faire diversion. Le mode opératoire d'une intervention n'est pas figé car peuvent souvent survenir des évènements qui impliquent une réarticulation et un changement de tactique. À 7 h 30, au lever du jour, l'opération débute. Mon équipe du côté rue tente de localiser le forcené en essayant d'engager le dialogue. De son côté, H. qui est proche de la cuisine ne parvient pas à entrer en contact avec l'individu. Pendant ce temps, celui-ci se déplace sans arrêt dans la maison. Il menace d'abattre tous ceux qu'il apercevrait. Mon équipe continue d'attirer l'attention afin que l'équipe côté jardin puisse poser l'explosif. Vers 8 heures, le forcené semble être du côté du jardin. H. en profite pour casser un carreau de la cuisine et ainsi essayer de prendre pied dans la maison. Mais au moment où il lui semble possible d'entrer, le forcené revient de mon côté. Vers 8 h 30, nous apprenons que l'équipe explo a posé Sesamex sur la porte. C'est à ce moment-là qu'une forte odeur de gaz se dégage de la maison. Le capitaine B. donne l'ordre de casser les fenêtres pour aérer l'habitation. Alors que je brise à l'aide d'un pied de biche les montants de la fenêtre, j'essuie un coup de feu, qui ne me touche pas. P., qui observe à l'aide de son revolver à lunette, m'avertit que le tir qui vient tout juste de me frôler provient de l'individu que nous devons appréhender. Profitant du trou béant de la fenêtre, je tente à nouveau de renouer le dialogue avec le forcené. Connaissant son prénom, je lui demande si l'on peut discuter afin d'éviter de tuer par accident une personne. Je lui dis qu'il a une famille et qu'il faut qu'il pense à elle. C'est à ce moment précis, lorsque je lui parle de sa famille, qu'il me répond. Il est à ce moment-là environ 9 heures. En intervention, la concentration nous déconnecte du temps. Après une longue discussion avec l'individu, je lui annonce que je vais me présenter devant la fenêtre. Je tends un bras, puis le deuxième, pour lui montrer que je n'ai pas d'arme. Puis, n'ayant pas de réaction violente de la part du forcené, tout en continuant de discuter, je me positionne en face de la fenêtre. À cet instant, il a sa carabine pointée sur moi. Le capitaine me rejoint et s'annonce auprès du forcené. Il a lui aussi les bras en l'air. Je lui demande si on peut entrer. Il répond :

« Toi, je te connais, tu peux entrer. »

Cela fait trois heures que je parle avec lui. Le forcené exige que l'équipe du jardin s'éloigne. B. semble l'avoir convaincu de se rendre. Mais alors qu'il commence à entrer, il aperçoit l'individu qui récupère une règle et qui repart vers un couloir. Il s'assoit, se met le fusil sous le menton et, à l'aide de la règle qu'il pose sur la détente, il nous annonce qu'il va se suicider. B. lui propose d'aller chercher le procureur. Pendant cette négociation, B. qui est entré dans la maison en a profité pour fermer les trois bouteilles de gaz qui fuient depuis 8 h 30 et se vident dans la pièce. Le forcené lui intime de ne pas s'approcher. B. lui demande de permettre au procureur de la République de rentrer. J'ouvre la porte et entre, suivi du procureur. Profitant du fait que l'attention du forcené se porte à la fois sur B. et sur le procureur, je me retrouve alors dans un angle mort hors de vue de l'individu. Connaissant sa position et profitant d'un effet de surprise, je lui bondis dessus et lui arrache l'arme des mains. Le forcené s'est pris la tête dans les mains pensant que nous allions le brutaliser. Nous lui avons annoncé tranquillement : « C'est fini. » Il était 9 h 30. Cela faisait dix heures et demie que nous étions sur le terrain. Nous remettons ensuite le forcené aux gendarmes départementaux. J'apprendrai par la suite que j'ai prononcé un nombre incalculable de « merde ». Et je pense que la simplicité de mon langage et l'approche de l'amour de la famille m'ont permis d'engager la conversation avec le forcené.

La gendarmerie nationale couvre 94 % du territoire et parfois, les gendarmes départementaux sont confrontés à des forcenés. On emploie le terme « forcené » quand l'individu retranché a fait usage d'une arme. Pour parer au plus vite, ils peuvent compter sur des négociateurs régionaux qui peuvent se projeter rapidement.

Ces négociateurs régionaux de la gendarmerie nationale sont formés par le GIGN et suivent, une fois par an, des formations de remise à niveau pour s'adapter à tous les genres de situation. Lors d'une intervention ces négociateurs sont épaulés et sécurisés par les gendarmes du PSIG. La psychologie tient une part importante dans la formation d'un négociateur. Il y a des mots et des comportements à éviter dans de telles circonstances. Si la personnalité du négociateur ne correspond pas aux réactions de l'individu, un autre négociateur peut être appelé pour poursuivre le dialogue. Ce relais de négociation permet de gérer rapidement des situations délicates et parfois de les résoudre avant l'arrivée du GIGN. Depuis 2007, les négociateurs régionaux ont résolu des centaines d'interventions avec un taux de réussite de 100 %.

Cette liste non exhaustive d'interventions prouve que la négociation est un outil indispensable pour résoudre des prises d'otages sans effusion de sang.

Le 12 mars 2007, à Saint-Pol-sur-Ternoise, un homme menace de faire sauter sa maison avec une bouteille de gaz. Le négociateur régional de la gendarmerie intervient durant plusieurs heures. Le forcené est maîtrisé par les gendarmes.

Le 7 mars 2008, à Steenbecque, le maire et le secrétaire de mairie sont pris en otage. Le GIGN intervient. Après six heures de négociation, le forcené se rend.

Le 28 juillet 2012, au Cateau-Cambrésis, un forcené se rend au GIGN au terme de six heures d'échanges.

Le 5 décembre 2012, à Havrincourt, un homme âgé de quarante-cinq ans tire des coups de feu avec un fusil de chasse puis se retranche chez lui. L'homme se rend au terme de plus de trois heures de négociation.

Le 16 octobre 2013, à Préseau, une trentaine de gendarmes sont déployés. Un ancien gérant de café se retranche, armé, dans son commerce. Deux négociateurs régionaux de la gendarmerie essaient d'établir le contact. Le négociateur du GIGN obtient la reddition du forcené.

Le 11 juin 2014, à Warneton, un agriculteur armé est arrêté par le GIGN. L'homme a été interpellé dans le calme et sans violence. Deux négociateurs d'Hazebrouck sont parvenus à lui faire entendre raison.

Le 26 août 2014, à Dohem, un forcené a tenté de se suicider en provoquant une explosion au gaz chez lui, il a été blessé par l'explosion et hospitalisé.

Le 13 janvier 2015, à Frévent, après un différend familial, un jeune homme se retranche dans son domicile. Il a menacé de faire exploser avec une bouteille de gaz. Les négociations menées par les gendarmes régionaux ont finalement permis son interpellation.

Le 25 mars 2015, à Limont-Fontaine, un homme de quarante-neuf ans se retranche dans son *mobil home* armé d'un fusil. L'individu ne supporte pas la séparation avec sa compagne. Il sera maîtrisé après négociation.

Le 7 mai 2015, à La Gorgue, les gendarmes parviennent à maîtriser un forcené retranché chez lui, sans violence.

Le 12 octobre 2015, à Waziers, un homme se retranche chez lui et menace de faire exploser sa maison. Au bout d'une heure de négociation, le père de famille accepte enfin de se rendre aux gendarmes.

ASSAUTS DISCRETS
LOIN DU TUMULTE MEDIATIQUE

J'appartiens au groupe deux, que nous avons baptisé « groupe Dieu ». C'est un peu prétentieux, mais nous sommes jeunes et à nos yeux nous représentons le bien, la sécurité des citoyens, la protection des biens et le respect des lois.

À mon époque, trois groupes prennent l'alerte. Lors d'une intervention, chaque groupe est constitué de quinze gendarmes opérationnels dont un maître-chien. Un chef de groupe, un adjoint, trois chefs d'équipe et neuf gendarmes composent un groupe. Nous nous tutoyons tous, mais nous respectons la fonction de chacun.

J'ai commencé ma carrière au GIGN comme gendarme, puis je suis passé chef d'équipe avant de finir chef de groupe. Je connais donc les fonctions de chaque grade opérationnel. J'avoue que j'apprécie la position d'assaut, et les sensations extrêmes qu'elle procure. Ces stress contrôlés, grâce aux entraînements intenses, m'ont permis d'appréhender dans de bonnes conditions les missions que nous devons effectuer. Nous avons aussi dans le groupe d'alerte un magasinier, un mécanicien, un infirmier et un médecin. Je remercie ces camarades du PHR[1] qui nous facilitent le travail. Ils ont contribué en toute discrétion mais avec

1 Peloton hors rang.

une réelle efficacité au succès de nos interventions. Un véhicule tombe en panne sur l'autoroute : c'est le mécanicien qui reste avec son véhicule pendant que nous nous entassons dans le reste des voitures et nous repartons. Nous terminons une intervention compliquée et harassante et c'est notre magasinier qui vient à nous pour récupérer les équipements spéciaux, parfois très onéreux. Quant à notre « toubib et son infirmier », ils ont sauvé bien des vies au GIGN.

Pour un gendarme du GIGN, il y a deux types d'alertes.

La première implique que je suis d'alerte deux semaines sur trois, vingt-quatre heures sur vingt-quatre. Cette période d'alerte peut paraître extrêmement longue mais lorsque l'on vit une passion, on ne compte pas. Parfois nous sommes d'alerte pendant un mois pour permettre à des camarades d'effectuer des stages qui amélioreront les capacités opérationnelles de l'unité.

La prise d'alerte est de trente minutes. Cela signifie que trente minutes après le déclenchement du « bip d'alerte » nous sommes en mesure de prendre la route. Pour afficher ce record, rien n'est laissé au hasard et la préparation en amont est bien calée. Quatre Citroën CX, bleu gendarmerie, sont disposées dans le hangar et affectées au groupe d'alerte. Nous avons aussi un véhicule civil banalisé de commandement. Ces véhicules sont propres et les pleins d'essence effectués en permanence. Entreposés dans le magasin de l'unité, environ six-cents kilos de matériel sont répartis dans des malles. Celles-ci sont, elles aussi, uniquement réservées pour l'alerte. Notre matériel d'intervention et notre armement se trouvent dans nos armoires personnelles à la caserne. L'alerte, qui peut être déclenchée très rapidement, nous permet, d'une part, d'être à la disposition immédiate du gouvernement, mais aussi de nos unités de terrain qui, parfois, sont confrontées à des situations d'urgence extrême et qui nécessitent l'aide de spécialistes. Un forcené retranché chez lui, une prise d'otage dans un lieu public : ces événements peuvent survenir rapidement et il faut alors réagir dans les délais les plus brefs. Le commandement de la gendarmerie et ses unités de terrain ont bien intégré le fait qu'il était préférable de faire appel aux gendarmes du GIGN quand une situation délicate se présente sur le terrain. Bien trop de gendarmes départementaux tombent sous les balles de délinquants en effectuant leur mission et le GIGN est l'unité spécialisée qui leur permet d'éviter de prendre des risques inconsidérés. Le rôle de ces unités de terrain est de geler la situation, d'installer un périmètre de sécurité pour préparer la venue du GIGN.

Le second type d'alerte est celle de deux heures. Nous appliquons les mêmes règles que celles précédemment citées, sauf que nous disposons d'un peu plus de temps pour réagir. Les moyens logistiques restent les mêmes. Cette alerte de deux heures est prévue pour les arrestations d'individus. Lorsqu'une section ou une brigade de recherches doit appréhender un individu armé et dangereux, elle fait ainsi appel au groupe.

Dès la mise en alerte, les gendarmes rejoignent la caserne, qui se situe à environ cinq-cents mètres de nos appartements et ils y récupèrent leur matériel d'alerte et chargent les véhicules. Ces départs sont toujours émotionnellement très forts. Nous répondons à un appel d'urgence, nous préparons notre départ mais nous ne savons pas quel sort nous attend. Seul notre patron, réveillé plus tôt que nous par la Direction générale de la Gendarmerie nationale, connaît notre destination. Le moyen de locomotion pour se rendre sur le lieu de l'intervention dépend de la distance à effectuer. Si la distance est inférieure à trois-cents kilomètres, nous utilisions les véhicules terrestres. Pour un trajet de plus de trois-cents kilomètres, nous utilisons un moyen aérien. À l'époque, quatre unités, le COTAM (Commandement du transport aérien militaire), le GAEL (Groupe aérien d'entraînement et de liaisons), le GLAM (Groupe de liaisons aériennes ministérielles) et le 6ème RHC (un régiment d'hélicoptères de combat) mettaient à notre disposition leurs aéronefs.

Une fois arrivé sur les lieux de l'intervention, notre officier et le chef de groupe prennent contact avec les autorités, pendant que le reste du groupe commence à décharger le matériel, sous la direction du responsable du matériel. Une fois les autorités rencontrées, nous nous réunissons tous dans une salle en retrait du lieu de l'intervention. La situation générale nous est alors exposée. Les gendarmes locaux nous présentent les lieux et nous donnent un descriptif du ou des individus concernés. Les gendarmes de terrain ont l'avantage de connaître le moindre détail sur leur circonscription et ses administrés. Une fois ce point de situation effectué, une équipe formée du chef de groupe et des chefs d'équipes effectuent une reconnaissance du lieu à investir. Durant cette reconnaissance, nous emmenons avec nous les tireurs-observateurs. Ceux-ci sont munis de jumelles, d'un fusil de précision de jour et d'un fusil de précision (OB 50) de vision nocturne. Une fois en position, leur mission consiste à nous renseigner de tout mouvement et d'ouvrir le feu si l'individu venait à utiliser une arme pendant notre progression.

Cette mission de reconnaissance, ou rien n'est laissé au hasard car chaque détail compte, est minutieuse et peut parfois durer plusieurs heures. Cela ne nous dérange pas car nous effectuons l'assaut le matin de bonne heure. En effet, c'est souvent au petit matin que l'individu-cible est plus facile à appréhender car après plusieurs heures d'attente, de veille et de stress, il est épuisé et sans réaction.

Une fois cette longue et minutieuse reconnaissance effectuée nous rejoignons le groupe. Les observateurs en place permettent de repérer tout mouvement suspect et de nous en avertir immédiatement. La mise en place de ce dispositif nous a permis plusieurs fois d'arrêter par surprise un individu qui était sorti pour jeter un coup d'œil à l'extérieur. Durant notre reconnaissance, nous avons toujours une équipe prête à intervenir sur le champ. Quel que soit le type d'intervention, l'improvisation n'existe pas, c'est pourquoi nos entraînements et notre préparation quotidienne prennent tout leur sens dès que nous sommes déployés sur le terrain.

Après le retour de la mission de reconnaissance, le groupe est réuni. Nous exposons la situation et décidons de la méthode que nous allons appliquer. Lors de notre assaut, l'étude préalable que nous faisons du cadastre nous permet de connaître exactement la configuration de la maison que nous allons investir. Une fois la stratégie arrêtée, la distribution des missions se fait.

C'est à cet instant précis que la cohésion du groupe est des plus vivaces et cette harmonie émane de la répartition précise des tâches entre tous les membres du groupe, chacun connaissant très précisément son rôle et sa mission dans le dispositif qui va être déployé. Évidemment, le moment le plus délicat reste toujours l'assaut lui-même. Tous les membres du groupe veulent y prendre part car tous ont les aptitudes et l'expérience pour le mener à bien. Afin de satisfaire chaque gendarme, chacun d'entre nous a la possibilité au fil des interventions de faire partie de l'équipe d'assaut.

Au cours d'une intervention, je me suis rendu compte que chaque poste revêt une grande importance, et lorsqu'un individu à appréhender saute par une fenêtre c'est l'équipe extérieure qui va « pêcher le poisson ».

L'assaut est déclenché par un « top action », les équipes se dirigent vers la pièce qui leur est assignée. Comme nous connaissons la configuration des lieux, nous nous déplaçons rapidement et la surprise est totale pour le délinquant.

Au GIGN, il y avait trois sortes d'intervention.

La première se traite en souplesse par la négociation. Dans ce cas, nous arrivons à engager la conversation et nous arrêtons l'individu en douceur.

La deuxième nécessite l'emploi d'une force mesurée et adaptée à la situation. L'individu ne dialogue jamais et nous devons alors employer les moyens à notre disposition pour appréhender l'individu.

La troisième est mixte. C'est une association de souplesse, qui se caractérise par un dialogue avec l'individu, mais qui se termine par l'emploi de la force. C'est la cellule négociation qui nous donne les informations nécessaires au choix de la méthode employée. Une fois l'individu arrêté, nous déroulons toujours la même procédure : nous effectuons une fouille corporelle et nous remettons l'individu aux gendarmes territorialement compétents, avant d'achever notre mission par une fouille des lieux où s'est déroulée l'intervention.

Généralement, une intervention débute vers dix-huit heures et se termine le lendemain matin à six heures. Il arrive parfois que nous effectuions plusieurs interventions durant notre semaine d'alerte.

Aujourd'hui le GIGN possède quatre groupes d'alerte. Cette nouvelle organisation permet aux gendarmes du GIGN d'améliorer leur capacité opérationnelle. Cette réorganisation leur donne également la possibilité de récupérer des tensions provoquées par les interventions et les lourdes astreintes liées au fonctionnement de l'unité.

Le 15 novembre 1986, une vaste opération de démantèlement d'un réseau de trafiquants de drogue est menée en Seine-Saint-Denis. Ce jour-là, vingt-cinq personnes ont été interpellées. Quatre étaient considérées comme très dangereuses. Pour cette intervention, le commandement décide d'y inclure des stagiaires en fin de formation. Je fais partie des instructeurs qui interviennent pour les former au franchissement : grimper sur des balcons ou escalader une gouttière. Plusieurs interpellations d'individus dangereux sont programmées. Mon équipe doit interpeller un individu à Gennevilliers. Les gendarmes départementaux ont mis en place un réseau de surveillance en région parisienne qui a découvert un vaste réseau d'héroïne. Ce jour-là, l'individu doit se trouver seul dans son appartement.

Une reconnaissance est minutieusement préparée la veille.

Le jour J, à cinq heures cinquante, nous sommes positionnés devant la porte sur laquelle nous posons l'explosif. Nous la faisons sauter à six heures, l'heure légale d'investigation. Nous utilisons cette méthode afin de préserver tous les indices matériels. L'emploi des explosifs nous permet d'investir rapidement une habitation et d'interpeller l'individu – qui par ailleurs peut-être armé – avant qu'il ne se sépare d'éventuelles preuves. L'appartement est plongé dans l'obscurité. Chaque binôme a une pièce précise à investir afin d'éviter que l'ensemble du groupe d'intervention ne se retrouve dans la même pièce. La configuration de l'appartement est étudiée durant la reconnaissance. Avec mon binôme C., stagiaire, je dois pénétrer dans la salle à manger. Une épaisse fumée due à l'explosion diminue nos facultés visuelles. C. se trouve à ma gauche. Nous nous retrouvons dans la pièce qui nous a été assignée et, au moment de l'observation de celle-ci, je sens le violent mouvement d'une personne derrière un rideau se trouvant très proche de moi, à ma droite, pratiquement au contact de mon corps. Je me dis instantanément qu'il s'agit d'un fusil. Je comprends que mon camarade et moi sommes directement menacés. J'abaisse mon arme et tire en direction des jambes pour neutraliser l'individu.

La lumière revient en quelques secondes et j'aperçois cette femme allongée sur un matelas très près de moi. Je lui demande si je l'ai touchée, elle me regarde, complètement sonnée par ce qu'il venait de lui arriver. Je vois sa jambe qui saigne. Elle ne s'en est même pas rendue compte, abasourdie par le bruit de l'explosion et la pénombre. Je lui demande où se trouve la blessure. Tout en me regardant, elle soulève sa chemise de nuit. La balle avait traversé sa cuisse. Elle marche, mais est très agitée. J'appelle le médecin du groupe, qui se trouve au pied de l'immeuble avec le commandant d'unité. Il intervient immédiatement et lui prodigue les premiers soins.

Nous sommes surpris par la présence de personnes dans l'appartement. La surveillance de nos équipes de recherche n'est pas facile. Il est difficile de savoir où des personnes se rendent lorsqu'elles entrent dans un immeuble.

Après l'intervention, la femme sera hospitalisée, ses jours n'auront pas été en danger. Lors de son audition, elle expliquera avoir cru à l'explosion d'une bouteille de gaz. Elle s'est précipitée dans la cuisine et m'a percuté en poussant le rideau. Elle n'a pas porté plainte.

La plupart des individus arrêtés ce jour-là étaient armés et fichés au grand banditisme.

À Lyon, les gendarmes départementaux sont depuis un mois sur une enquête de vol en flagrant délit dans une station essence. Une information leur parvient faisant état du projet de trois hommes. Une étroite surveillance est alors mise en place. Les moindres faits et gestes des trois individus sont observés, notés et exploités. Les gendarmes estiment que les malfrats projettent d'agir sous peu. Le GIGN est alors appelé sur zone. Après avoir réalisé une reconnaissance des alentours de la station, les individus ne se décident toujours pas à opérer. Notre dispositif de surveillance est cependant maintenu. Les investigations ont fait ressortir que l'un des individus est un repris de justice, condamné pour vol à main armée, vols qualifiés et port d'arme. Le deuxième homme se trouve être un grand amateur d'armes. Quant au troisième individu il est employé depuis seulement deux mois dans la station essence que tous trois projettent de cambrioler. Le gérant qui avait remarqué, à plusieurs reprises, que de l'argent manquait dans sa caisse, avait déjà prévenu son employé indélicat qu'il ne saurait supporter plus longtemps ce comportement. C'est cette dernière réflexion du gérant qui a sans doute précipité les plans des trois individus.

La brigade des recherches nous signale que le vol pourrait avoir lieu le 27 octobre 1986, le contenu de la caisse étant toujours plus important après le week-end. Une soixantaine de gendarmes sont mobilisés pour assurer un périmètre de sécurité, dont certains du GIGN.

Ce jour-là, les hommes de l'unité, en tenue civile, ressemblent à des citoyens affairés à leur activité journalière. Un couple se trouve avec une voiture en panne.

K., jeune officier dynamique et grand judoka, est vêtu d'un bleu de travail et pousse une brouette. Il se trouve sur le trottoir qui mène à la station essence. Des éléments du groupe sont également en civil dans la station, dont certains au rayon alimentation. Pour ma part, je porte un manteau et une casquette et me trouve entre K. et la station essence. Le périmètre de sécurité qui a été mis en place ne laisse aucune possibilité de fuite aux malfrats. Comme d'habitude, nous avons posté notre antenne médicale postée non loin de l'endroit où va se dérouler l'action, sur le parking de la gare de la Part-Dieu.

Le top départ de l'opération est donné par les gendarmes départementaux qui, pour cette intervention, sont territorialement compétents. Toutes les équipes se sont discrètement mises en place, en prenant toutes les précautions pour ne pas être repérées. Dès que la voiture des malfrats apparaît, toutes les équipes sont prévenues par radio.

L'action n'a pas duré très longtemps. Le véhicule des trois hommes se stationne. Le chauffeur reste au volant. Le deuxième homme descend et se dirige vers la station essence. Il croise notre K., en bleu de travail, qui pousse sa brouette. Notre judoka troisième dan immobilise d'une prise le malfaiteur. Les gendarmes départementaux qui se trouvent dans un « sous-marin »[1] à proximité ont filmé la scène. Le chauffeur se fait alors encercler par d'autres gendarmes et le troisième se fait interpeller par ceux qui parmi nous gonflaient les pneus d'un véhicule. Le gérant que nous n'avions pas mis au courant a été légèrement choqué : à 9 h 30, sa station est envahie par les gendarmes et trois personnes menottées.

Les perquisitions menées par les gendarmes départementaux permettront de mettre la main sur un impressionnant arsenal d'armes de tout calibre.

Cette opération, particulière parce que réalisée pleine ville, n'aura duré que cinq minutes.

1 Véhicule banalisé où l'on peut se cacher.

Le 9 avril 1989, nous sommes réquisitionnés par le groupement des Bouches-du-Rhône. Une vaste opération d'arrestation de trafiquants de drogue est déclenchée dans la calanque de la Vesse. Elle nécessite l'emploi de moyens maritimes et aériens et la mobilisation de plus de cent-quatre-vingts gendarmes appartenant à de nombreuses spécialités de la Gendarmerie nationale.

Cette impressionnante intervention voit le jour grâce à l'enquête d'une brigade de recherches de la compagnie de gendarmerie de Martigues.

Positionnés sur un piton rocheux surplombant la calanque, les gendarmes surveillaient un village, nuit et jour, depuis sept mois. Ils épiaient et photographiaient les moindres faits et gestes des malfaiteurs. Le site autrefois pittoresque est devenu sordide suite à la présence de ces nouveaux résidents. De leur point d'observation, les enquêteurs assistent à des entraînements de tir en plein air, effectués en toute illégalité. Quant aux guetteurs de la gendarmerie nationale, ils sont les témoins du ravitaillement en drogue des dealers de Marseille. La surveillance est d'autant plus sensible qu'il n'y a qu'un axe routier pour rejoindre la calanque et que tout mouvement suspect sur cet axe peut être rapidement repéré par les malfaiteurs. Toute l'enquête repose sur cet unique point de surveillance. Pour ne pas être repéré, aucune filature ne sera effectuée à l'extérieur d'un périmètre défini.

Le groupe intervient souvent à 6 heures du matin. C'est l'heure idéale pour nous permettre de manœuvrer dans les meilleures conditions. Dans ce cas précis, les malfaiteurs ont l'habitude de se retrouver tous les après-midis à 17 heures au café sur la place. Il a été donc décidé que nous investirions la calanque le 10 avril à 18 heures.

Le GIGN a fait venir une trentaine de gendarmes pour cette interpellation. En effet, une douzaine d'hommes doivent être interpellés sur un terrain très accidenté et où se trouvent de nombreuses petites cabanes de pêcheurs des alentours. Pour investir ce lieu avec un minimum de véhicule mais avec un maximum de personnel, nous utilisons des « sous-marin ».

Les véhicules et le personnel sont discrètement mis en attente, à partir de 16 heures, près d'une bretelle d'autoroute. Nos fourgons, avec les gendarmes enquêteurs territorialement compétents, sont positionnés sur un chemin forestier. Nous sommes entassés avec tout notre matériel, les uns debout, les autres accroupis. Le silence est de rigueur. Nous sommes heureux, car il y a peu de temps que nous sommes en place et nous savons que nous intervenons dans moins de deux heures car certaines missions exigent parfois que nous restions plusieurs heures en planque sans pouvoir sortir. Une fois toutes les unités en place, la radio diffuse les derniers renseignements qui nous confirment que la plupart des individus recherchés se trouvent attablés tranquillement dans un café de la Vesse. Cette dernière information nous satisfait : nous allons pouvoir interpeller l'ensemble des individus recherchés. Le GIGN a été créé dans le but de renforcer et de procéder à toutes les arrestations d'individus dangereux au profit de toutes les unités de la gendarmerie. Aujourd'hui, nous allons pouvoir démontrer que l'existence du GIGN est indispensable. Quant aux enquêteurs ils verront leur longue investigation récompensée. Le moment de l'intervention arrive et un dernier rappel des consignes est effectué. Chacun répète ce qu'il doit faire puis prend position devant sa porte. L'assaut doit se faire depuis la porte arrière et la porte latérale de notre véhicule.

Le « top action » retentit par la radio ; les fourgons, à vitesse réduite, s'élancent vers la petite calanque.

Le chauffeur et l'enquêteur nous communiquent désormais des renseignements à voix haute, nous révélant une foule de détails. Un dernier « top » sera donné lorsque les véhicules seront devant le café. À quelques mètres du café, on nous annonce que la terrasse est remplie de chaises et de tables en plastique. Il n'y a pas de client. Au moment de la sortie des camions, toute notre attention se focalise sur les accès au café. Quelle ne fût pas la surprise des observateurs de la gendarmerie qui ont vu littéralement exploser les chaises et les tables, dans une scène digne de nos Gaulois Obélix et Astérix saccageant un banquet. En quelques secondes, le café a été investi et les malfrats plaqués au sol sont menottés. En moins d'un quart d'heure, le petit port compte plus de gendarmes que d'habitants.

La mission n'est en pas pour autant achevée. Nous entreprenons la fouille des cabanons, où nous dénichons un individu qui était en cavale depuis octobre 1988.

Il faudra attendre 21 heures pour que la calanque retrouve son calme.

Les malfrats s'étaient réunis comme tous les jours, vers 17 heures, au bar de la Vesse se mêlant ainsi à la population locale. Des renseignements avaient laissé entendre qu'ils revenaient d'un week-end à la montagne. Le succès de cette opération tient uniquement à une longue et minutieuse enquête de la gendarmerie départementale. Les cent-cinquante gendarmes déployés pour cette interpellation sont tous intervenus en fonction d'objectifs bien établis. En dépit d'un terrain accidenté, c'est grâce à une parfaite coordination des moyens aériens, terrestres et maritimes, qu'un vaste réseau de trafiquants de drogue a ainsi été démantelé.

Le 11 novembre 1989, en fin d'après-midi, nous sommes mis en alerte. Une brève réunion du commandement nous informe que nous devons nous rendre à Châlons-sur-Marne[1], pour l'arrestation de l'assassin présumé d'un chauffeur de taxi. La victime a été poignardée et décapitée. L'agresseur extrêmement violent a été libéré en avril de la maison d'arrêt de Chalons.

Après quelques heures de route, le groupe d'alerte arrive dans la nuit à destination. Comme d'habitude,

1 Commune rebaptisée Châlons-en-Champagne en 1997.

nous nous rendons à la compagnie de gendarmerie où nous sommes attendus pour un exposé de la situation.

Lorsque nous sortons de ces réunions, nous sommes parfaitement conditionnés pour la mission.

Les informations précises des enquêteurs sont primordiales pour pouvoir aborder dans de bonnes conditions la reconnaissance du lieu où se trouve l'individu à interpeller. Durant l'exposé des gendarmes départementaux, les photos de la victime circulent parmi les hommes du groupe. Elles sont atroces. Nous pouvons constater la précision avec laquelle la tête du malheureux chauffeur de taxi a été tranchée. L'assassin a travaillé dans un abattoir et seul un spécialiste aurait pu, d'un seul coup de couteau, obtenir un tel résultat. Tous ces détails nous sont divulgués par les enquêteurs. Nous sommes habitués à voir des atrocités mais, après minuit, ces clichés contribuent à rendre l'atmosphère encore plus macabre. Les enquêteurs nous expliquent que dès la découverte du véhicule, maculé du sang de la victime, leur attention a été attirée par une empreinte digitale scellée dans le sang et relevée sur le rétroviseur. Ils pensent qu'après avoir commis son crime, l'auteur s'est installé au volant et que c'est en réglant le rétroviseur, qu'il aurait ainsi laissé son empreinte. Grâce à l'empreinte, l'enquête a pris un tournant décisif, et l'arrestation du meurtrier est à présent imminente. Après toutes ces années d'intervention, je crois ou du moins je me force à croire qu'il existe une justice divine. Dans ce cas précis, nous pensons à ce chauffeur de taxi qui n'a jamais pu se douter que son dernier client serait son bourreau. Très vite, les enquêteurs ont localisé le suspect au domicile de sa mère. Son passé et sa personnalité agressive ont incité le commandement à faire appel au GIGN.

Après avoir minutieusement effectuée la reconnaissance du logement et de son environnement, nous réunissons les hommes du groupe pour finaliser l'intervention. Ce jour-là, nous insistons sur le nombre de possibilités de fuite qui peuvent s'offrir au meurtrier. Le maître-chien est disposé dans un endroit qui lui laisse suffisamment de champ pour pouvoir observer et, s'il le faut, lancer son chien contre l'individu à interpeller.

Le 10 novembre 1989, veille de l'interpellation, la mise en place de toutes les équipes s'effectue avant 6 heures du matin. Nous savons que la nuit les bruits sont intensifiés, c'est pourquoi nous abordons toujours l'objectif par le côté aveugle de l'appartement. Pour ce type d'interpellation, l'application et le respect de toutes les procédures d'intervention et de périmètre de sécurité est primordial. Une fois toutes les équipes en place, un dernier appel radio est effectué pour vérifier que l'ensemble du groupe est prêt pour l'intervention. Puis, le décompte est lancé. Notre fameux « top action » est prononcé. Le groupe d'assaut défonce la porte à l'aide d'un bélier. En quelques secondes, le binôme de tête est sur l'individu qui se trouve dans son lit en survêtement. Notre reconnaissance a été indispensable : elle a permis de localiser l'individu qui se trouvait au premier étage. Celui-ci avait entrouvert la fenêtre qu'il aurait pu enjamber si nous avions fait le moindre bruit avant de pénétrer dans la pièce.

Une fois l'individu menotté, les gendarmes départementaux nous rejoignent pour débuter la procédure judiciaire et réaliser les perquisitions requises dans le cadre de l'enquête. Durant cette phase, nous retrouvons la compagnie pour reconditionner le matériel et laissons deux ou trois de nos hommes pour garder l'individu.

Avant de quitter les lieux, nous constatons que nous avons, encore, été bien reçus par nos camarades. Section de recherche, brigades d'investigations, toutes ces unités qui dans l'ombre font un travail exceptionnel, nous reçoivent à chaque fois avec beaucoup de générosité. Pourtant, ces unités de disposent pas de budget « réception ». Pour les remercier de leur accueil chaleureux, nous leur offrons modestement le fanion de notre unité très apprécié de nos camarades. Et la joie qu'éprouvent les gendarmes lorsqu'ils travaillent avec les « gars du Groupe » se lit sur leur visage. Ils sont curieux et nous posent beaucoup de question. C'est avec plaisir que je me fonds parmi eux. Les adresses sont échangées et la grande époque des *pin's* nous permet de fidéliser tous les gendarmes que nous rencontrons lors de nos missions.

Peu de temps après cette interpellation, nous apprendrons que le présumé meurtrier a avoué son crime. Il reconnaîtra avoir téléphoné au taxi pour une course, prétendant vouloir se balader dans la région.

Le 1er décembre 1989, aux environs de 16 heures, mise en alerte de mon groupe. Une réunion avec notre officier d'alerte nous informe que deux individus ont pris en otage le propriétaire d'un bar. Des coups de feu ont été tirés.

La Direction Générale de la Gendarmerie Nationale nous ayant donné l'ordre d'intervenir, nous nous mettons en route pour Guipry en Ille-et-Vilaine. Arrivés sur les lieux, vers 22 h 15, nous nous dirigeons vers la compagnie de gendarmerie où un compte-rendu précis de la situation nous est fait.

Il s'agit de deux jeunes hommes, de seize et dix-huit ans, déjà connus des services de police, qui ont commis un cambriolage dans une propriété du lieudit Clédy. Le plus jeune a fugué d'un foyer de la région et le second serait un militaire déserteur appartenant au régiment de génie d'Angers. Leur butin : des bijoux, de l'argent et deux armes, un fusil de chasse et un .22 Long Rifle. Les gendarmes, rapidement prévenus, se sont rendus sur les lieux du cambriolage. Pendant ce temps, les deux jeunes gens ont volé un véhicule et se sont dirigés vers Guipry, à quelques kilomètres de leur premier forfait. Après avoir acheté du tabac, ils se rendent dans un café situé de l'autre côté de la rue. Le vendeur de tabac les remarque car c'est avec une pièce en argent de cinquante francs – pièce rarement en circulation qu'ils règlent leur achat. C'est dans des circonstances encore mal déterminées que la situation s'est ensuite aggravée dans le café : les deux jeunes souhaitent dérober la caisse, le propriétaire s'interpose, les jeunes tirent un coup de feu d'intimidation et prennent alors en otage le cafetier.

La gendarmerie prévenue, une fois sur place, celle-ci dresse un périmètre de sécurité autour du café pour protéger les passants et la population, et pour empêcher toute fuite des délinquants.

Après un rapide exposé fait par nos collègues de la gendarmerie départementale, nous ne perdons pas de temps pour effectuer une reconnaissance ; en effet, sous l'emprise de l'alcool, les jeunes sont excités et agressifs. Durant notre observation, nous avons pu constater qu'ils se sont installés au-dessus du bar, au premier étage. Régulièrement, nous entendons des coups de feu. Signes d'une certaine tension chez ces jeunes gens alcoolisés. Ce n'est qu'après les avoir interpellés que nous apprendrons du cafetier que les deux jeunes gens se sont sentis importants lorsqu'ils ont entendu à la radio la présence du GIGN.

Alors que notre reconnaissance se poursuit, et que nous sommes en contact par liaison radio, nous apprenons que les deux jeunes gens désirent un véhicule pour pouvoir s'enfuir. À l'entraînement, nous avons souvent travaillé ce cas de figure ou un véhicule est requis par des preneurs d'otages. Ce scénario nous convient parfaitement et nous savons le traiter. De plus la configuration des lieux se prête bien à la stratégie d'intervention que nous décidons de mettre en place. En effet pour récupérer le véhicule demandé les deux jeunes gens devront descendre un escalier, traverser le bar et ensuite sortir. Sans le savoir, leur désir de fuite nous offre ainsi la possibilité de cacher nos hommes derrière le bar ! Et c'est ce que nous faisons.

Revenus de notre repérage des lieux, nous faisons positionner le maître-chien à l'angle du commerce. Une fois l'ensemble du dispositif en place, à 00 h 20, un véhicule 205 Peugeot est stationné, moteur tournant, devant le bar. Nous sommes tous rivés à nos radios, prêts à recueillir les renseignements de l'équipe qui se trouve à l'intérieur. Au moment où les individus sortent du café, le « top action » est déclenché de l'intérieur. D'après les renseignements communiqués par nos camarades avec lesquels nous sommes en liaison radio, le plus jeune des deux hommes, muni de sa .22 Long Rifle se trouve devant, l'otage, et le plus âgé se trouve derrière l'otage muni d'un *riot gun*.

Les deux hommes et l'otage ont descendu, lentement l'escalier puis, se sont dirigés vers la porte de sortie. Jamais ils ne se sont méfiés du comptoir. A l'instant même où le plus âgé des deux preneurs d'otages commençait à franchir le pas de la porte le « top action » a été donné. À ce moment précis, mon équipe interpelle le premier individu et le désarme tandis que simultanément l'équipe d'intervention qui s'était positionnée derrière le comptoir du bar interpelle le deuxième homme muni du *riot gun*. En un éclair, le premier individu a été immobilisé sans pouvoir utiliser son arme, quant au deuxième, surpris par derrière, il n'a eu que le temps de voir son arme voler vers le plafond effectué deux tours dans les airs. Ce n'est qu'en retombant sur le sol qu'un coup de feu retentit. Stupeur !

Les deux jeunes gens et leur otage sont plaqués au sol et se regardent. En effet, même lorsqu'un coup de feu éclate, l'action des équipes d'intervention se poursuit. Ce n'est qu'une fois les deux jeunes menottés et l'otage libéré que nous nous regardons. Qui est touché ? Chacun contrôle son binôme, mais aucun d'entre nous n'est blessé. Finalement, c'est le maître-chien qui nous signale que la décharge du fusil a touché son animal le blessant superficiellement à la patte. Les jours de l'animal ne sont pas en danger. Intervention réussie !

Une fois l'otage libéré, celui-ci nous confie que la peur ne l'a pas quittée, car à chaque instant tout pouvait basculer. En effet, le cafetier nous précisa que le moment le plus angoissant fut pour lui lorsque l'un des deux jeunes gens s'est énervé car il était furieux, que le véhicule n'arrive pas assez rapidement. A cet instant et alors qu'il était allongé sur un lit, un coup de feu est parti. La balle l'a évité de peu et elle s'est logée dans le mur tout proche de lui.

L'un des ravisseurs lui expliqua alors que faute d'avoir pu braquer des consommateurs dans un bureau de tabac, ils se sont alors dirigés vers le café tout proche.

Le cafetier nous expliqua ensuite que le plus jeune des deux ravisseurs était le plus déterminé, poussant son complice à tirer sur les forces de l'ordre et ciblant également des véhicules où des impacts de balle seront d'ailleurs relevés. Plusieurs coups de feu ont été tirés et plusieurs voitures portaient des impacts.

Fort heureusement, malgré la détermination des agresseurs cette prise d'otage se terminera bien.

Le 13 décembre 1989, nous sommes requis pour intervenir au profit de la compagnie de Vincennes. Nous devons arrêter un individu dangereux qui habite une maison possédant une porte blindée. Dans ce cas de figure particulier, l'utilisation de l'explosif est inenvisageable à cause des dégâts collatéraux que cela risquerait d'engendrer. Pour parvenir à faire ouvrir cette porte, nous allons devoir trouver une stratégie.

G. et moi effectuons les reconnaissances d'usage. Durant cette mission, l'équipe s'est déguisée pour se fondre dans le paysage. Comme des travaux ont lieu dans le quartier, le bleu de travail est le vêtement le plus approprié pour passer inaperçu. Une fois notre reconnaissance effectuée et l'appartement ciblé, nous retournons à la compagnie pour une dernière réunion. Nous décidons que G. et moi-même serons déguisés en agent de maintenance.

Le 13 décembre, à 9 h 30, nous mettons en place notre dispositif. Une fois les équipes en place, nous effectuons une liaison radio pour vérifier que chacun est à son poste et prêt à intervenir. Une équipe d'assaut, constituée de J.M et de C., se trouve à proximité de la porte blindée de l'appartement de l'individu que nous devons interpeller. Au « top action » de notre officier, qui se trouve avec les gendarmes départementaux ayant enquêté sur l'affaire, la mission peut débuter. G. et moi nous nous dirigeons dans l'immeuble où se trouve l'appartement. Nous passons devant l'équipe d'assaut. Arrivés dans le couloir, nous commençons à faire du bruit. Je claque une porte et G. laisse tomber une barre de fer. Ce vacarme fait volontairement va aboutir au résultat escompté. Tout naturellement, la porte ciblée s'entrouvre et la personne à arrêter me demande :

« Que se passe-t-il ? »

Je lui réponds qu'un court-circuit à l'étage a provoqué un début d'incendie, et que nous procédons à la vérification des installations électriques dans tous les appartements. C'est gagné : l'individu entrouvre encore davantage la porte. Ayant fraudé lors d'un dernier contrôle sur son compteur, l'individu se sent pris en défaut vis-à-vis de l'administration et invite les deux faux agents que nous sommes à nous retirer sous prétexte de revêtir une tenue décente. Nous sentons que nous allons le perdre ! Rapidement, j'enfonce la porte, contourne l'individu et le projette, dans le couloir, où il est immédiatement maîtrisé par G. et les deux molosses que sont J.M et C. L'homme est à présent allongé au sol et menotté. « Finex », l'opération est terminée, les gendarmes départementaux nous rejoignent pour continuer l'enquête et procéder à la perquisition. Celle-ci permettra d'ailleurs de retrouver au domicile de l'individu des armes, dont un pistolet Astra et une mitraillette Sten accompagnées des munitions correspondant à cet arsenal. Lors de leur recherche, les enquêteurs ont également trouvé une balance encore couverte d'héroïne et des faux papiers.

Devant le juge qui l'auditionnera l'individu soutiendra qu'il m'avait déjà vu dans le quartier, persuadé que j'avais entrepris des travaux dans l'immeuble.

La difficulté de cette intervention résidait dans l'environnement dans lequel nous devions appréhender l'individu. C'est dans un quartier partiellement en démolition que se trouvait l'appartement ciblé. Le logement était situé au fond d'une arrière-cour protégée par deux portes blindées et des fenêtres barreaudées. Les abords du bâtiment étaient constitués de terrains vagues ce qui rendait son approche difficile car sans protection. Par ailleurs la population était constituée pour une bonne partie par des marginaux et la mise en place d'éléments d'observation était donc impossible. L'ensemble des paramètres que nous avions listés lors de la minutieuse reconnaissance ainsi que les renseignements fournis par la compagnie de gendarmerie de Vincennes nous ont conduits à adopter un schéma d'intervention privilégiant la souplesse d'intervention à l'usage de la force : le principe étant d'amener l'individu à ouvrir sa porte, sans méfiance, à une équipe de faux employés de maintenance.

LA VIE APRES L'ASSAUT

J'ai quitté le Groupe d'intervention de la Gendarmerie nationale pour deux raisons. La première, parce qu'en 1995 la limite d'âge pour servir au GIGN était de quarante-deux ans. La seconde, parce que le jour où je les ai fêtés, j'ai su que mon corps n'avait plus les capacités pour supporter les entraînements soutenus et les exercices physiques de l'unité d'élite. Après quatorze années passées dans l'opérationnel, la bousculade permanente de mon corps doit prendre fin. Être un gradé opérationnel au GIGN, ce n'est pas juste donner des ordres à ses subordonnés. C'est avant tout montrer l'exemple.

Finalement, loin de m'attrister, ce départ du GIGN m'a ouvert d'autres horizons, tout en continuant à servir mon institution. J'ai connu les ministères où l'on prend de lourdes décisions pour l'avenir des citoyens et de notre société.

J'ai rejoint une unité particulière de la gendarmerie : la Garde républicaine. Héritière de la Garde municipale créée par Bonaparte en 1802, la Garde républicaine intègre la Gendarmerie nationale en 1849. Intrinsèquement liée à Paris, les gardes arborent l'écusson aux armoiries de la ville. Les Parisiens apprécient sa prestance et son élégance lorsque la grande escorte présidentielle exhibe le protocole militaire de l'État sur la plus belle avenue du monde, les Champs-Élysées.

Si la Garde assure des missions d'honneur et de sécurité au profit des plus hautes autorités de l'État, elle est aussi en charge des missions de sécurité au profit du public. Subordonnée à la région de gendarmerie d'Île-de-France, elle est composée d'environ deux mille huit cents hommes et femmes, militaires et civils. Un régiment de cavalerie, de deux régiments d'infanterie et de formations musicales qui comprennent notamment l'orchestre de la Garde et le chœur de l'Armée française.

La Garde républicaine a trois missions principales : des missions d'honneur (assurer le protocole militaire de l'État), des missions de sécurité (assurer la sécurité des palais nationaux et contribuer à la sécurité publique générale) et des missions culturelles, de formation et de coopération (contribuer au rayonnement de la France). Si les missions d'honneur ou de prestige sont celles qui attirent le plus l'attention du public et font la fierté des Parisiens, 80 % des missions de la Garde sont en réalité des missions de sécurité.

Le 1er régiment d'infanterie se consacre à la sécurité intérieure des résidences de la République française et à l'exécution des missions d'honneur au profit de la Présidence de la République, tandis que le 2e régiment d'infanterie assume les mêmes charges à Matignon, au Quai d'Orsay, à l'hôtel Beauvau, à l'hôtel de Brienne ainsi qu'au palais Bourbon, au palais du Luxembourg et au Conseil constitutionnel. Placé sous réquisition permanente des Présidents de l'Assemblée nationale et du Sénat, la Garde républicaine est la seule force armée habilitée à pénétrer dans les enceintes parlementaires en cas de nécessité. Il n'est pas rare que des gardes républicains soient dépêchés temporairement dans des ambassades françaises à l'étranger lorsque la situation locale l'exige. Ces missions mobilisent quotidiennement 900 gendarmes qui bénéficient d'une formation adaptée au tir, à la maîtrise d'individus dangereux et à la défense rapprochée. Parmi eux, on compte des tireurs d'élite qualifiés annuellement par le GIGN. Sept pelotons d'intervention renforcent le dispositif permanent et tous les jours un peloton d'alerte dans Paris se tient prêt à intervenir. Il intervient également lors d'opérations judiciaires.

Le troisième régiment composant la Garde est le régiment de la cavalerie. C'est la dernière unité montée de l'armée française. Il se compose de trois escadrons de marche, d'un escadron hors rang (la fanfare de la cavalerie, la maréchalerie et le service vétérinaire) et d'un centre d'instruction. Une trentaine de cavaliers sont employés à Paris dans le cadre de patrouilles de surveillance ou d'appui des forces de gendarmerie mobile autour des stades. Qu'ils soient déployés pour assurer la sécurité des sommets internationaux (G8 et G20 de 2011 en France) ou pour assurer le service d'ordre lors de manifestations sportives, au Parc des Princes ou au Stade de France, les cavaliers et chevaux de la Garde républicaine sont un outil supplémentaire pour assurer les missions de surveillance et de sécurité.

L'escadron motocycliste appartient quant à lui au 1er régiment d'infanterie de la Garde. Cet escadron est chargé de la grande escorte présidentielle, encadre le Tour de France depuis 1953, participe à l'escorte des corps des militaires tombés pour la France lors de leur transfert à l'hôtel des Invalides et se voit confier le soin de transporter des organes pour les transplantations entre les aéroports et les hôpitaux de Paris. Cette formation est jalousée par les motards de la police nationale de la CRS 1 qui souhaiteraient bien prendre leur place : question de prestige et d'affichage.

Lorsque je suis affecté au 2e régiment d'infanterie de la Garde républicaine, mon expérience de terrain acquise pendant quatorze années au GIGN intéresse le colonel commandant la Garde au palais Bourbon et il me confie le commandement de la troisième section. Ma mission consiste à assurer et encadrer la sécurité du palais et du Luxembourg, par tranche de vingt-quatre heures, avec un détachement d'une quarantaine de garde. Je suis également responsable de l'instruction militaire et sportive des gardes. En effet, qu'il soit chargé d'assurer la sécurité des plus hauts lieux de l'État français, qu'il remplisse sa mission à pied, à cheval ou à moto, un garde républicain doit avoir une tenue irréprochable et être en excellente condition physique. En plus des missions quotidiennes de sécurité exercées par mes gardes, souvent dans l'ombre ou la discrétion feutrée des centres de décision, s'ajoutent les services d'honneurs, où ils entrent enfin dans la lumière et témoignent, par leur tenue de tradition (la GTS ou grande tenue de service), de la rigueur du cérémonial militaire.

En France, comme la Police nationale est chargée de protéger la ville et ses habitants, la Garde républicaine peut se consacrer à des fonctions plus symboliques : c'est elle qui présente les honneurs aux chefs d'États étrangers lorsqu'ils descendent d'avion, qui les escorte avec son escadron motocycliste, qui encadre la splendide haie d'honneur d'entrée du président de l'Assemblée nationale dans l'hémicycle ou qui honore les membres de l'Académie française, sans oublier sa participation aux défilés militaires et autres commémorations.

À L'ASSEMBLÉE NATIONALE

Le 24 juillet 1995, je me rends avec une quarantaine de gardes républicains au palais Bourbon pour y assurer la sécurité.

Il est sept heures du matin, nous sommes rassemblés dans la cour de la caserne Kellermann. Mes adjoints s'occupent de mettre en ordre la section afin de me la présenter. La revue de la tenue et du matériel est effectuée minutieusement. Rien n'est laissé au hasard, de la coupe de cheveux jusqu'à la brillance des bottines. Tout militaire doit avoir une tenue décente. Loin d'être un détail, c'est une forme du respect dû à notre institution et aux citoyens que nous côtoyons. L'abscisse et l'ordonnée du détachement sont contrôlées. Le départ est imminent, il est temps de s'entretenir avec les gardes.

Pour la première fois, je vois quarante paires d'yeux me regardant avec un certain respect – ils n'avaient jamais vu un ancien gradé du GIGN. Beaucoup de gendarmes ayant appartenu au corps d'élite rejoignent la vie civile, bien qu'ils y servent, en général, plus de dix ans. Dans mon uniforme flambant neuf, je passe devant mon détachement, et j'admire la tenue de la Garde républicaine, qui est de loin le plus bel uniforme des Armées.

Mon premier mot est simple : « Bonjour ». Ce petit signe de bienséance et ma décontraction me vaudra, six mois après, un touchant témoignage de la part d'un garde. Un gendarme, prénommé Olivier, demande à être reçu. Une fois dans mon bureau, en me confiant avoir apprécié mon simple accueil, et il ajoute qu'il est rare de voir un chef de détachement aussi détendu et constate que mes paroles de recommandations sur le service ne sont jamais menaçantes et sans brutalité. Une anecdote l'a aussi surpris : lors d'un service, j'apprends que c'est l'anniversaire d'un de mes hommes. De retour à la caserne, j'appelle ce dernier et lui demande de me présenter le détachement. Il fut à la fois intimidé et honoré de présenter la section à son responsable. Mais une fois les présentations terminées, j'ai fait chanter par tout le détachement un *Joyeux anniversaire* en son honneur. Moment fraternel que les notes du chant attirèrent tous les locataires des appartements qui donnaient sur la cour. Ce fut la première d'un nouveau rituel !

Cette petite entrevue me conforte dans la ligne de conduite à laquelle je m'astreins. Je découvre un nouveau monde, certes, mais « l'humain » et sa prise en compte demeurent primordiaux.

Partir vingt-six heures, toujours une heure avant et une heure après, demande une longue concentration et une attention particulière, d'autant que j'ai la responsabilité de la sécurité d'un lieu sensible de la République mais aussi de celle de mes hommes. Une fois mes recommandations effectuées, je mets le détachement au garde à vous avant de le remettre à la disposition de mon adjoint. Une fois ce protocole quotidien effectué nous nous dirigeons en rang vers le bus qui nous mènera au palais Bourbon. Ces petites cérémonies de départ et de retour en service sont très importantes car il réside en elles le panache de la Gendarmerie nationale.

Dans le bus, il arrive qu'un passager clandestin se faufile et profite du transport : le major André Dupont. Le transport étant militaire et le major étant gendarme, nous pouvons l'embarquer et le déposer près du cabinet du Ministère de la Défense où il commande le détachement de sécurité. A chaque fois qu'il monte dans mon bus, respect du grade et de l'ancienneté obligent, je lui dis : « Major, vous êtes le chef de bord. ». Une certaine fierté chez lui se ressent chez lui à l'énonciation de ces mots, et pour ma part, c'est avec plaisir que j'applique le règlement de nos armées qui stipule que le plus haut gradé commande toujours, loin de me douter que ce comportement me vaudra une belle promotion un an plus tard. Il n'y a pas de hasard dans la vie, c'est ma devise et jusqu'à présent elle s'est toujours confirmée.

Le trajet dure une trentaine de minutes et se déroule toujours dans la bonne humeur. Parfois mon esprit s'évade dans les souvenirs du GIGN où nos déplacements en « gyro deux tons » avaient toujours le caractère de l'urgence. Conduire sous le signe de l'urgence est toujours stressant. Il faut être vigilant et éviter les accrochages, sinon, la sanction est immédiate, d'autant que dans l'armée vous devez toujours être maître de votre véhicule et en cas d'accident vous n'être pas à l'abri d'une sanction, ni de jours d'arrêt avec sursis suivant la gravité de celui-ci ou d'une interdiction de conduire. Au GIGN, beaucoup d'entre nous avions eu des jours d'arrêt pour cause d'accident. Restait les bons conducteurs ou devrait-on dire les plus chanceux.

À présent, n'étant pas le conducteur mais uniquement le chef de bord, je peux savourer le trajet en toute quiétude. Cette sérénité je souhaite la diffuser à mes hommes, sans occulter le devoir qui est le nôtre.

Arrivé à proximité de la destination notre cortège rejoint discrètement le palais Bourbon en s'engouffrant dans les sous-sols. Incroyable manie que de toujours vouloir cacher les militaires ! En effet, elle est fréquente cette volonté permanente de caser les gardes républicains, comme des rats, dans de glauques sous-sols, où se trouvent plusieurs pièces exiguës équipées de lits et où le bureau du chef de poste n'est qu'un cagibi. Pour éviter que les gardes de repos ne sortent, le palais avait mis un distributeur de boisson payant ! Quel député peut se vanter d'être, un jour, descendu dans nos catacombes ?

La garde descendante nous attend. Vingt-quatre heures, c'est long et dans le regard des hommes se lit la joie de rejoindre leur foyer. Jusqu'à présent, je ne cesse de me rendre compte que nous ne sommes nulle part chez nous. Nous sommes le premier rideau de sécurité de toutes les institutions mais nous sommes un corps étranger. Des étrangers transparents. Le pouvoir civil nous l'a toujours bien fait sentir. Qu'importe ! Ce désagréable sentiment n'entame en rien mes convictions. Il s'agit simplement de me respecter, moi et mes hommes. À maintes reprises, j'aurai l'occasion de défendre mon personnel. Ce qui n'est pas le cas de tous les responsables.

Je me rends dans le bureau du chef de détachement que je relève, sans m'y attarder. Je prends les consignes, et plus particulièrement, celles qui concernent les vingt-quatre heures à venir. Puis je réunis mes gradés pour leur transmettre mes ordres. Comme au GIGN, il n'y a pas plus d'improvisation à la Garde républicaine. Entretemps, tous les postes ont été relevés.

Le détachement descendant quitte le palais. Il y a un bureau militaire dans chaque ministère ainsi que dans les palais Bourbon et du Luxembourg, composé d'un commandant militaire du grade de général ou de colonel ainsi que d'un secrétariat. Ce bureau est permanent. Il permet de bien connaître les lieux ainsi que tous les services, et il est également le point d'entrée de toutes les nombreuses missions de la Gendarmerie : honneurs, exploration de chiens détecteurs d'explosif, positionnement de tireur d'élite, etc.

Une fois mon détachement mis en place et les procédures administratives effectuées, le commandant militaire me reçoit. Il est de bon ton de recevoir chaque jour le nouveau chef de détachement avec toujours ce même discours de sécurité mais surtout la directive de ne pas se faire remarquer. Il ne faut pas déranger nos chers élus, ils travaillent ! Et nous ? Je me rends rapidement compte que le monde civil est roi. Nous sommes les humbles serviteurs de la République et nous payons cher notre discipline et notre éducation militaire. Certaines personnes en abusent outrageusement. Il faudra compter sur ma formation et mon expérience pour ne pas outrepasser ce privilège. Point appréciable de mes nouvelles fonctions, mon bureau qui sert également de chambre est digne d'un palais royal. Lumineux, les dorures et les cadres sont mis en valeur. Mais le plus important concerne le personnel du bureau militaire : tous sont sympathiques. Le couchage de mes gardes est malheureusement beaucoup plus sobre. Malgré la satisfaction de ma carrière, je ne peux m'empêcher de remarquer la manière déplorable dont les militaires sont souvent traités, les conditions de vie et de travail qui sont les leurs. Alors que la Gendarmerie vient de rejoindre un ministère civil, je demeure persuadé qu'aucun policier n'accepterait un tel traitement.

Dix heures, je m'apprête à effectuer ma première ronde. Ces dernières sont effectuées à des heures non établies à l'avance. Elles consistent à inspecter chaque chef de poste ainsi que chaque garde en faction placé autour du palais. Ceux-ci doivent connaître les consignes et les appliquer en cas d'événement grave. La durée de cette ronde est variable mais dure environ deux heures. À chaque arrêt, je m'assure des connaissances opérationnelles de chacun, je m'intéresse à leur carrière – chaque garde a un cursus différent – et je profite de mon expérience pour les conseiller. J'apprécie ce moment car je me rends compte qu'il faut faire « exister » l'autre, et cette simple mesure n'est que trop peu appliquée. Moi qui pensais que nos élus du peuple étaient proches de leurs électeurs et que leur principale qualité devait être la capacité à aller vers eux... À l'évidence, ce n'est pas la préoccupation principale. Il ne s'agit pas d'attendre d'eux qu'ils serrent la main à tous les gendarmes se trouvant à l'extérieur, mais qu'ils leur témoignent un semblant de reconnaissance, ne serait-ce que par un simple sourire ou un petit « Bonjour ». Rien de plus facile pour réchauffer un cœur de militaire. Ces derniers ont besoin de temps en temps qu'on leur signifie que le travail est bien fait, qu'on leur montre de la satisfaction quant à la manière dont ils s'acquittent de leur devoir. Y-a-t-il jamais eu une intrusion ou un grave incident ? Trop de hauts responsables, dans leur bulle dorée, omettent de regarder, d'écouter et de respecter ces hommes.

Après cette longue marche au sein du prestigieux site, je regagne mon bureau pour prendre la mesure des responsabilités de ma tâche et les petits problèmes rencontrés me permettent déjà de ne pas m'ennuyer. Cette première mission m'ouvre les yeux sur l'immense dangerosité qui m'attend mais le GIGN m'a aguerri à toutes les épreuves. J'ai juste oublié la « lourdeur administrative » !

Quand je vois apparaître mon adjoint, son regard est grave et je sens qu'il se passe quelque chose. Le vieux grognard que je suis parvient à déceler l'existence de problèmes dans l'attitude de mes subordonnés. Lui demandant si tout va bien, il me répond sèchement :

« Nous avons un gros problème ! ». Je pense : « Beau cadeau d'arrivée ! ».

« Lequel ?

– Il manque une taie d'oreiller ! »

Après chaque relève toutes les literies des gardes sont changées et ce changement de literie s'effectue pendant ma prise de consigne. Je regarde fixement Norbert et pars dans un fou rire incontrôlable. À ce moment-là, il réalise d'où je viens, de mon passé dans la Gendarmerie. Comprenant ma réaction, il me rejoint dans l'hilare délire. Des larmes de rire coulent et je me dis que si c'est ce genre de gros problèmes qui m'attend, ma vie va être un long fleuve tranquille.

Nouveau monde donc, et je suis servi. Je ressens d'emblée le fossé entre les mondes politique et militaire. Le mien est archaïque, celui des locataires du palais est tissé de soie. Jouissant de nombreux privilèges ils oublient parfois qu'ils sont les représentants du peuple.

Un jour, un député s'apprête à rentrer au palais. Pour cela, il empreinte une voie uniquement destinée aux véhicules. Un garde en faction lui demande courtoisement d'utiliser la voie piétonne. Surpris, le député le fixe et rétorque : « Vous savez qui je suis ? ». Pour couper court à des explications inutiles, les ordres faits aux gardes sont de répondre qu'ils appliquent les consignes, ces dernières ayant été validées par les instances civiles et le bureau militaire de l'Assemblée et devant être appliquées par toutes les personnes qui entrent ou qui sortent du palais. Le député, un peu vexé, continue et lui précise que c'est lui qui fait les lois et qu'il peut faire ce qu'il veut. Le garde me rend compte de l'incident. J'estime qu'un petit rappel à ce monsieur est nécessaire et rédige un compte rendu que je transmets au commandement militaire alors exercé par un général de deuxième section. Il préfèrera appliquer la méthode que l'on appelle vulgairement dans notre jargon militaire « PIPE » : « Pas d'Initiative, Pas d'Emmerde ». Il ne donnera pas suite.

Quelques recherches sur l'individu ayant pris de haut mon garde, nous ont permises de savoir qu'il ne s'agit pas d'un ténor de l'hémicycle, mais d'un jeune élu, inconnu et perdu parmi les cinq cent soixante-dix-sept représentants du peuple, citoyen fraîchement élu qui a déjà oublié d'où il venait.

Suite à cet incident, je reçois l'estocade lors de mon premier déjeuner au restaurant des députés, situé au dernier étage d'un bâtiment annexe de l'Assemblée. Cet immeuble possède des chambres, comme dans un hôtel, qui sont louées aux élus à un prix dérisoire, comme pour toutes les prestations qui leurs sont offertes.

Placé à une table qui m'est réservée, dans un coin et en retrait, je dispose d'une vue sur la grande salle qu'elle domine. Pour déjeuner, je considère qu'il me faut mettre ma chemise blanche et ma vareuse de cérémonie. Être présentable. Il y a du monde, la décoration est belle et le personnel est aimable. Mon repas est fin et accompagné d'une demi-bouteille de bon vin, avantage qui m'éblouit. Mais durant ce premier repas, et tous les suivants, aucun député ne m'adressera la parole, ni ne conviera à sa table. En revanche, seul, de ma table, j'assiste aux déjeuners conviviaux de nos élus, parfois bien accompagnés. Après quelques mois, ce cérémonial m'est pathétique.

J'aurais préféré déjeuner simplement, amicalement, avec mes gradés et mes gardes. Je m'attendais à plus de chaleur et de communication de la part d'individus soucieux de défendre les intérêts et les droits du peuple. Au lieu de cela, j'assiste à chaque fois à ces rassemblements de potes plus préoccupés par leur bien-être, que de regarder et faire exister les personnes qui gravitent autour d'eux. À chaque repas, j'assiste à des rôles de composition joués par des acteurs parmi les gouvernants. À présent, je porte peu de crédibilité au combat qu'ils mènent pour l'amélioration de notre société. Leur intérêt ? Comme en Ligue 1, il s'agit de se maintenir dans cette catégorie. Seul l'attrait du pouvoir les intéresse. Là, assis dans mon bel uniforme, je fais partie du mobilier.

Un repas, seul, face à cette grande salle, c'est très long, et je ne peux m'empêcher de penser à ces casse-croûtes que nous organisaient les gendarmes départementaux après chaque intervention. Qu'ils étaient bons, ce saucisson et ce verre de vin rouge ! Plaisir simple entre gens simples... La vraie vie ! Quel bonheur, après avoir avalé rapidement mon repas, de rejoindre mon bureau et de prendre, à mes frais, mon petit café tranquillement.

Ce sont les rondes de sécurité qui me donne le plus de satisfaction car je reste au contact de mes hommes. Je passe donc la plupart de mon temps à circuler au sein du palais. Je croise ainsi de nombreux députés, hommes de dialogue, d'action et de réflexion, au service de tous. C'est la description qui en est faite dans la plaquette de présentation de l'Assemblée nationale ! En réalité, aucun regard, aucun bonjour, ces représentants du peuple sont concentrés sur leur mission. Tel les statues de Portalis et de Tronchet, je fais partie du décor, de part et d'autre de la porte de bronze qui s'ouvre sur la cour d'honneur où se trouve la belle sphère des droits de l'homme.

Je suis étonné de ne pas apercevoir une photo de la Garde républicaine sur la plaquette de présentation du palais Bourbon. Pourtant, c'est une section qui présente les honneurs à chaque ouverture de session. Et c'est durant ce grand moment que nous devenons des bêtes de cirque. Les familles et les invités de certains parlementaires assistent à la cérémonie. Nous sommes détaillés, photographiés. Si le Président de l'Assemblée nationale déclare que « cette maison est la vôtre », je me suis vite rendu compte que ce n'était pas la mienne.

Le Président du palais sur son perchoir est un huissier qui bloque et débloque son siège surélevé. Il écrit que la première mission des députés est de représenter les Français dans leur diversité politique et de faire vivre le débat d'idées au sein de la démocratie. Dans l'hémicycle, c'est la droite contre la gauche ou vice versa. Rien n'est débattu avec objectivité, c'est un combat de partis politiques. Si une mesure mérite d'être étudiée et ensuite acceptée, c'est leur différence politique qui l'emporte. Ils ne sont pas capables de défendre « bec et ongle » notre république laïque. Ils n'ont pas l'autorité que l'on attend d'un élu du peuple. Ils ne prennent pas leurs responsabilités. Frileux, ils sont incapables de donner un avis clair lorsque des problèmes graves se présentent et mettent en danger notre démocratie.

À l'époque de la dissolution des escadrons de gendarmerie mobile et des compagnies républicaine de sécurité (CRS), un député s'était exprimé pour critiquer les CRS qui avaient entrepris une grève de la faim pour contrer une volonté gouvernementale. Ce député avait reçu un syndicat de la police indigné par ses déclarations. Les CRS ont eu gain de cause. La gendarmerie, elle, avait accepté la dissolution de 15 escadrons en deux ans, sans broncher. Encore une fois, nous payons cher notre statut de militaire et avons trop souvent affaire à des personnages qui n'ont aucune audace. Pour tout débat, le petit jeu des partis se met en place, et personne ne veut prendre la responsabilité des décisions importantes qui s'imposent.

Mais il y a un domaine où nos élus sont tous d'accord : celui de leur rémunération. Lorsqu'il s'agit d'augmenter leurs salaires, ils font fi de leurs querelles partisanes et votent tous dans le même sens : leur bien-être et leur petit confort.

Trois questeurs s'occupent de toutes les questions financières et de la logistique. Par tradition, deux sont issus de la majorité et un de l'opposition. Leurs missions : gérer les frais des locaux et des transports, dont les primes des personnels de 575 députés et 1300 fonctionnaires.

La Garde républicaine ne leur coûte pas chère. Tous les jours, il y a quarante gardes qui passent vingt-quatre heures au palais, soit environ mille deux-cents gardes qui montent la garde tous les mois. Pourtant, ils ne touchent aucune prime alors que ce serait une récompense bien méritée pour des personnes qui assurent leur mission toute l'année, parfois dans de rudes conditions climatiques. D'ailleurs, rien n'empêcherait nos élus de reverser ces primes à la Garde républicaine, sauf à consentir de diminuer la leur. Belle preuve que nous faisons partie intégrante du mobilier.

Notre mission principale est d'assurer la sécurité des murs, d'empêcher toute intrusion. Les postes de gardes sont donc à l'extérieur. Le long du quai d'Orsay se situe les jardins mais interdiction de se promener à l'intérieur. Il ne faut pas déranger ! Des fonctionnaires de l'Assemblée assurent le filtrage pour se rendre dans le lieu de vie des députés et de l'hémicycle. Même en uniforme, il faut que je montre patte blanche. Ces agents nous considèrent de la même manière que nos élus, bien qu'ils soient, comme nous, de simples serviteurs.

Le moment que j'apprécie le plus, c'est celui où je pars pour une énième longue ronde. Je démarre par la cour d'honneur qui donne sur l'entrée principale, située place du palais Bourbon. Je passe ensuite par une cour à l'est, où se trouvent de nombreux bureaux. Suivant leur notoriété et leur importance, ils sont plus ou moins spacieux, ce qui laisse à certains le loisir de dormir sur place...

Puis j'arrive dans une belle allée menant à l'entrée de l'hôtel de Lassay, magnifique demeure qui fut construite entre 1722 et 1728. Depuis 1832, c'est le siège de la Présidence de l'Assemblée nationale et la modeste demeure du Président de l'Assemblée. J'ai eu l'occasion d'en visiter le rez-de-chaussée. Il est sublime. Une multitude de salons se succèdent et s'ouvrent sur la salle des fêtes et la galerie des tapisseries.

Je remonte l'allée, contournant ce magnifique bâtiment pour rejoindre les jardins. À chaque fois, je me fais discret, car l'uniforme trop à proximité dérange. Les jardins donnent sur le quai d'Orsay qui longe la Seine et je continue en m'approchant de la face du bâtiment que j'apprécie le plus, les colonnades qui donnent sur la place de la Concorde. Je termine en revenant, par l'extérieur, rue Aristide Briand.

Il y a souvent un peloton de gendarmes mobiles stationné dans cette rue. De nombreuses manifestations se déroulent sur la place du palais Bourbon mais je précise que ce sont de modestes regroupements. Dans le cas contraire, nous interdisons systématiquement l'accès à la place. Bus bleu gendarmerie en visuel, je ne peux pas m'empêcher d'aller leur rendre visite.

Jeune chauffeur de car dans mon escadron de Cherbourg, mon unité se trouvait en mission à Paris. L'un d'entre elles consistait à conduire un bus spécial, aménagé avec de petites cellules où l'on pouvait installer jusqu'à deux détenus. Il fallait me rendre aux tribunaux de Créteil et de Bobigny pour récupérer tous les auteurs de flagrants délits patientant dans les cellules du tribunal, pour les déposer en prison à Fresnes ou à la Santé. Ce spectacle m'avait un peu choqué. Pour la première fois, j'étais confronté à la grande délinquance, mélange de bagarreurs, de voleurs et de fauteurs de trouble sur la voie publique.

Ce bus me rappelle aussi le jour où une mutinerie avait éclaté dans la prison de Bois d'Arcy et le GIGN devait intervenir discrètement. Pour surprendre les mutins, nous nous étions glissés dans un bus de la gendarmerie mobile. Nos tenues d'intervention ressemblaient aux tenues des mobiles. Mais au moment où nous nous apprêtions à entrer dans la prison, l'information selon laquelle l'intervention du GIGN était imminente s'est répandue chez les détenus. Ils ont alors rapidement rejoint leurs geôles.

À part l'absence d'une taie d'oreiller, ma garde de vingt-quatre heures se déroule dans de bonnes conditions. Après deux autres rondes effectuées, à minuit et à trois heures, mon adjoint frappe à ma porte à six heures trente. Juste le temps de remplir les différents registres et la relève montante est déjà à pied d'œuvre. Après vingt-quatre heures de garde, je suis content de rentrer chez moi, épuisé.

Heureusement, après un si long service, nous sommes de repos jusqu'à quatorze heures. J'ai cinq heures devant moi que je compte bien passer au chaud sous ma couette.

AU SÉNAT

Le Sénat est ma seconde mission au sein du deuxième régiment d'infanterie de la Garde Républicaine. Nous alternons entre le palais du Luxembourg et le palais Bourbon, pour ne pas tomber dans la routine.

Le Sénat, construit par la reine Marie de Médicis au début du XVIIe siècle, puis occupé par la famille d'Orléans jusqu'en 1789, a servi de prison sous la Révolution.

« Grandiose ! » fut le seul mot pour définir ma première impression lorsque j'ai découvert le palais et ses jardins. Mais le Sénat n'a pas une grande importance. Les sénateurs étudient et amendent les propositions de loi, en commission puis en séance publique. Une navette s'instaure, jusqu'à ce que les deux assemblées se mettent d'accord sur un texte identique. Mais le gouvernement peut interrompre la navette. Il provoque alors la réunion d'une commission mixte paritaire composée de 7 députés et 7 sénateurs qui tentent de trouver un accord. Si l'accord est obtenu, le texte final est ratifié en séance publique par les deux assemblées. MAIS, si l'accord n'est pas obtenu, la navette reprend, et les députés ont le dernier mot. Une sorte « d'audit » qui coûte très cher à la nation, surtout dans la conjoncture actuelle. La royauté a t-elle totalement disparue ? Pourquoi il y a t-il moins de représentants gouvernementaux aux USA pour plus de 300 millions d'habitants et qu'en France ont en compte un millier. Plus de mille fonctionnaires qui travaillent 32 heures par semaine et profitent de 4 mois de vacances. Tous touchent la prime de nuit même s'ils ne sont pas concernés, comme les jardiniers. Le Sénat emploie une quarantaine de gardes par jour. Ce qui fait près de 1200 gardes par mois qui montent la garde vingt-quatre heures sur vingt-quatre. Aucun ne touche de prime. Les salaires sont de 2300 à 20 000 euros. Les sénateurs bénéficient d'une prime d'informatique mensuelle, peuvent profiter d'un taux réduit pour l'achat d'un logement. Ils perçoivent environ 11 500 euros dont uniquement la moitié déclaré aux impôts. Les transports, SNCF, RATP, aviation, sont gratuits, comme pour les députés. La Cour des Comptes n'a aucun regard sur le Sénat. Il est d'une opacité totale et les Français ne connaissent pas les sénateurs. Uniquement 90 sénateurs sur 343 sont assidus, 120 partiellement et les autres jamais. Il existe une sanction pour les sénateurs trop absents mais elle n'est jamais appliquée. Après un mandat de six ans, un sénateur touchera, à partir de 60 ans, un revenu de 1869 euros par mois. Cela équivaut à la retraite d'un salarié qui aura cotisé plus de quarante ans. A cette somme s'ajoute la retraite en qualité de fonctionnaire pour le sénateur, ce qui fait qu'un sénateur qui exerce un mandat de 15 ans touchera 4000 euros. S'il décède, son épouse touchera 66 % pour la réversion. Pour un salarié le pourcentage est de 54 % ! Mais qu'importe. Ce royaume ne coûte qu'environ 350 millions annuels.

C'est la dure loi de notre belle démocratie !

Comme pour l'Assemblée Nationale, le Président du Sénat est chargé de veiller à la sûreté intérieure et extérieure de l'assemblée qu'il préside. Il peut réquisitionner ou demander le concours des forces armées. La grande différence entre le Sénat et l'Assemblée nationale est la responsabilité particulière exercée par le Président du Sénat. Garant de la continuité de la République, il peut être amener à exercer provisoirement les fonctions de

Président de la République, si celui-ci venait à démissionner ou à mourir. Mais cet intérim ne lui donne pas l'autorité pour dissoudre l'Assemblée nationale ou réviser la Constitution, et son autorité ne s'exercerait que le temps de la réélection, par le peuple, d'un nouveau Président – soit durant une période de cinquante jours environ. Alain Poher a assuré, par deux fois, cet intérim. En 1969 quand le général de Gaulle avait démissionné et la seconde fois à la mort de Georges Pompidou en 1974. Une anecdote circule à la Garde Républicaine sur Poher.

Une nuit, vers deux heures du matin, il actionna l'alarme. Un gendarme qui était de garde se précipita pour intervenir. Le président du Sénat se tenait debout et lui rétorqua qu'il avait rendez-vous chez le coiffeur. Après lui avoir expliqué qu'aucun coiffeur ne travaillait à cette heure de la nuit le gendarme se permit de lui demander pourquoi à son âge, il continuait à travailler. Poher lui répondit : « Le pouvoir ! »

Le cérémonial de la prise de commandement et le déplacement pour le palais du Luxembourg est le même que pour l'Assemblée nationale. Nous embarquons dans notre bus pour un service de vingt-quatre heures. La mission m'apparait facile, les occupants de ce palais étant quasi invisibles à nos yeux et j'officie dans un havre de paix, petit paradis situé dans un beau quartier du sixième arrondissement où s'y étend un magnifique jardin de vingt-trois hectares, dont vingt et un ouvert au public.

Le changement de détachement s'effectue de façon à ne pas encombrer le paysage gouvernemental et surtout de façon à ne pas perturber les élus. Il nous faut relever la garde...sans être vu ! Nous nous cachons donc constamment. Comme pour le Palais Bourbon, la Garde Républicaine ne doit pas faire de vague.

Les jardins de la demeure du président sont gardés et il s'y trouve un terrain de tennis où parfois des ministres viennent se dégourdir les jambes, se défaire du stress de leur fonction... et y être mauvais perdant.

Un jour, un garde en faction regarde discrètement un échange entre deux joueurs. Sur un coup donné, le garde ne peut s'empêcher de crier « Out ». Cette réaction vexa le ministre qui sermonna le garde comme un enfant en lui disant d'aller jouer ailleurs. L'enfant-garde me rend compte de « l'incident ». Je n'ai pu m'empêcher d'éclater de rire d'autant que le ministre avait perdu la partie !

Une fois la relève effectuée, nous rejoignons nos chambres. En voyant ce lieu magnifique qu'est le palais du Luxembourg, je me dis que nous devons loger dans un beau cadre. Quelle n'a été ma surprise lorsque pour la première fois j'arpente ma chambrée. Ma chambre est une cellule, sans fenêtre, identique à celle d'un quartier de haute sécurité. Le logement de mes gendarmes se trouve en sous-sol et comprend une pièce dans laquelle est disposée autant de lits que de gendarmes en postes. Un placard sans fenêtre. Mais, dans ce blockhaus nous vivions avec la climatisation vingt-quatre heures sur vingt-quatre.

Chaque gendarme qui veille pour assurer la sécurité de nos élus est un sous-officier. Je respecte « l'homme du rang » car je l'avais été moi-même lorsque j'ai effectué mon service national, mais cela ne m'empêche pas d'avoir du mal à accepter que mon détachement soit mal considéré. Tout est prévu pour que nous ne remontions pas à la surface.

Nous assurons uniquement la sécurité extérieure. Tous les soirs, le chef de détachement participe avec quelques gardes à l'évacuation de ce magnifique jardin du Luxembourg. La vue de nos uniformes permet d'aider les fonctionnaires responsables du parc à évacuer les récalcitrants. Cette mission se passe toujours très bien et nous permet d'échanger avec le public. Moi-même je pars souvent en patrouille dans ce lieu splendide. Ces instants me permettent de prendre un grand bol d'air avant de rejoindre mon sous-sol.

Mon bureau opérationnel se trouve dans la cour du Sénat, situé en retrait du bureau militaire. Ce bureau permanent est chargé de superviser toute la sécurité du palais ainsi que mon détachement Le commandant militaire est assuré par un général de deuxième section. Il n'est donc plus d'active. Je ne m'étendrai pas sur le briefing d'arrivée réalisé chaque matin par ce commandant militaire qui se résume par ces quelques mots : « Pas d'initiative, pas d'ennui ».

Après avoir reçu les conseils avisés de notre général, je réunis mes gradés pour leur transmettre le message du grand chef. Le changement du couchage des gardes s'effectue. Pour ma deuxième garde, par chance, il ne manque pas de tête d'oreiller et j'ai le même adjoint que lors de mon dernier service. J'aborde mes nouvelles fonctions avec beaucoup de sérénité.

Au palais du Luxembourg, le danger ne peut venir que de l'extérieur. Les gardes républicains sont le premier rideau de sécurité du Sénat. Le contrôle à l'intérieur est effectué par les fonctionnaires du Sénat, le deuxième rideau. Comme à l'Assemblée, la sympathie n'étrangle pas ces messieurs. Chef de détachement de la sécurité du palais du Luxembourg, je n'ai pas l'autorisation de me déplacer à l'intérieur du Sénat.

AU CABINET DU MINISTRE DE LA DÉFENSE

Le général commandant la garde républicaine m'affecte au bureau militaire de l'Assemblée générale. Il souhaite que je sois le responsable du secrétariat. Sans hésitation, et pour la première fois dans ma carrière je refuse ce poste, car il ne me donne pas l'initiative d'intervenir dans l'hémicycle en cas de grave problème. Titulaire de plusieurs spécialités opérationnelles dont le NEDEX (neutralisation des explosifs) je suis issu du GIGN où j'ai passé quatorze ans, alors la mission statique de bureaucrate, non merci ! J'ai quarante-deux ans et je suis encore en forme. Je préfère continuer d'effectuer mes gardes avec ma jeune section et m'occuper de l'instruction de mes jeunes gendarmes notamment lors des séances de tir où je peux leur prodiguer des conseils sur l'utilisation de leur arme.

Nous sommes en 1995.

Le major André part à la retraite en juillet 1996 et son adjoint doit le remplacer. Or, pour prendre son poste, l'adjoint doit passer le concours de Major. Un an passe. Un vendredi matin, au mois de mai 1996, alors que je viens de terminer ma garde du palais du Luxembourg, je reçois un appel du Major du cabinet du ministre de la Défense qui m'annonce que son adjoint a raté son examen. Il me demande si ce poste de commandement m'intéresse. C'est la fin de semaine alors je lui réponds que je passerai lundi. « Non ! Tu mets ton costume, je te présente le détachement et ensuite au colonel » me dit-il.

A mon arrivée, une vague de bien être m'assaille. Après une présentation de deux heures du site, je comprends pourquoi ce lieu me plaît tant. Mon passé de vieux soldat vibre et se fascine pour ce monument chargé d'histoire, ressuscitant en moi le souvenir d'un événement qui fut l'élément déclencheur de ma vocation pour le métier des armes : novembre 1970, j'ai dix-sept ans et assiste à l'enterrement du général de Gaulle à Colombey-les-deux églises. Cette cérémonie d'adieu forgea ma vocation.

Alors, en entrant ce vendredi de mai 1996 dans cette pièce qui fut le bureau du général de Gaulle, ce que je ressens est inoubliable. Cette pièce servit de bureau au général en juin 1940 puis à partir de 1944 comme chef du Gouvernement provisoire de la République française. S'y trouve une belle bibliothèque où madame Loménie de Brienne rassemblait ses ouvrages et manuscrits. Être dans ces lieux de mémoire est pour moi un « signe ». Je souhaite y travailler.

Après m'avoir informé sur le poste, le major m'emmène dans le bureau du colonel. Celui-ci me reçoit. Il me toise et m'interroge sur mon passé et mes motivations. Il est surpris, car peu de gendarmes, qui plus est ancien membre du GIGN, continuent une carrière dans l'institution. La plupart quittent la gendarmerie et font une seconde carrière dans le privé. Mon passé opérationnel l'intéresse. A cette époque de nombreuses manifestations contre le service national ont lieu. Après un long entretien, il me pose la question magique : « Vous réfléchissez et vous me donnez une réponse bientôt ? ». Réponse directe : « J'accepte mon, colonel ! ». La semaine suivante je suis détaché au cabinet du ministre de la Défense pour y prendre les consignes.

Mais la partie n'est pas gagnée. Après avoir refusé le poste à l'Assemblée nationale, le général commandant la Garde républicaine me laisse partir à contre cœur. Mon refus n'est pas apprécié et il me précise que ce nouveau poste n'est qu'un détachement temporaire.

J'évolue dans un cabinet ministériel interarmées, ma famille militaire. J'y débarque après un an de service comme chef de détachement de la sécurité du palais

Bourbon et du palais du Luxembourg. Dans ces institutions gouvernementales, j'exécute mes missions sous les ordres d'un bureau militaire. Au sein du ministère de la Défense, je suis seul responsable de la sécurité de l'hôtel de Brienne, des appartements du ministre et du jardin. Mon supérieur hiérarchique direct est le colonel Henri-Charles Puyou, adjoint gendarmerie du chef de cabinet militaire.

Rapidement je prends mes marques au cabinet du ministre de la défense. Je me sens dans mon élément, et j'apprécie les quatre-vingt gardes qui assurent la sécurité du site qui sont sous mon commandement ainsi que les militaires et le personnel civil sous ma responsabilité. C'est réciproque.

Durant mon détachement, il y a de nombreuses manifestations dans les arsenaux en France. Des réunions sur le devenir des ouvriers qui y travaillent se déroulent au cabinet du ministre de la Défense. Trois semaines après mon arrivée dans les lieux, lors d'une de ces réunions, un député décide de faire un *sitting* au ministère pour montrer sa désapprobation. Il refuse de partir et reste dans la grande salle de réunion « Maréchal Leclerc de Hautecloque » pour montrer son mécontentement concernant l'arsenal de Cherbourg. C'est une ancienne galerie des armures où quelques trophées perpétuent le souvenir des armes qui étaient exposées. C'est dans ce superbe salon tout en longueur que se déroulent les réunions du ministre et de son état-major.

Un vent de panique envahit le cabinet du ministre. Pour moi ce n'est qu'un refus de quitter le ministère, et comme en intervention, il suffit d'employer la négociation. Je m'aperçois vite que les médias s'emparent de cet incident. Que faire ? Le colonel gendarmerie me convoque et me demande de prendre la situation en main. Aussitôt je me rends dans ce magnifique salon à la rencontre de ce député mécontent. Il est surpris par ma belle tenue de cérémonie et je lui explique que des honneurs ont été présentés dans l'après-midi, le ministre ayant reçu une autorité militaire, raison pour laquelle je porte ma grande tenue de cérémonie. Je m'empresse de lui annoncer que ma première affectation en Gendarmerie nationale, après mon stage, a été l'escadron de gendarmerie mobile de Cherbourg. Trois ans dans le département de la Manche. Interloqué, il me sourit. Notre échange sur ce département dure une heure. Lorsque je sors de mon entretien, mon colonel, inquiet, me demande pourquoi je suis resté aussi longtemps. Je lui explique l'entretien détendu que nous venons d'avoir, le député et moi-même. La tension, palpable au sein du cabinet, retombe peu à peu. Comme il se fait tard, mon supérieur me demande de proposer au député de diner. Je m'exécute en lui proposant de partager avec lui un repas, car moi non plus je n'ai pas eu le temps de me restaurer « Si c'est vous qui me l'apportez, me répond le député, je l'accepte. ».

Mais un deuxième vent de panique envahit le cabinet : le député veut dormir dans le salon. Des noms d'oiseau venant des personnels civils du cabinet fusent. Agacés par le comportement du député, tous souhaitent qu'il dorme par terre. Le chef de cabinet militaire, le général Germanos et le colonel Puyou, me demandent mon avis. Je leur explique qu'il y a deux solutions. Celle qu'il dorme au sol, à même la belle moquette du salon mais dans ce cas il risque de nous ennuyer toute la nuit, ou de lui installer une literie dans le salon avec une lampe halogène à ses côtés. Quelques minutes de réflexion suffisent et le général accepte la deuxième proposition. J'installe une literie au député. Entre temps, un membre de sa famille est venu lui apporter un duvet et son nécessaire de toilette. Je passe un peu de temps avec lui et lui souhaite une bonne nuit. Avant de partir, je demande à mon gradé de permanence de lui apporter un café dès son réveil. Le lendemain matin, à la surprise générale, le député décide de lever le camp ! Avant de partir, il demandera à me voir et me remercie d'avoir pris soin de lui.

En quittant le cabinet, sa première déclaration à la presse a été de remercier la Gendarmerie.

Il existe deux sortes de hasard : le hasard malheureux et le hasard heureux, celui que j'ai vécu. A la suite de cette occupation forcée et volontaire du cabinet du ministre de la Défense par un élu de la République, le colonel de gendarmerie et le chef du cabinet militaire, satisfaits de ma gestion de l'événement ont souhaité que je sois muté comme chef de détachement au cabinet militaire. C'est ainsi que le 15 juillet 1996, je pris mes nouvelles fonctions en qualité de chef de détachement au cabinet militaire de l'hôtel de Brienne.

Pendant cinq ans j'ai servi ce ministère et assuré la sécurité de deux ministres. Le ministère de la Défense est facile à diriger, parce que nous sommes militaires. Il n'y a pas de syndicat pour perturber le bon fonctionnement du cabinet. Tout se déroule dans de très bonnes conditions, bien que l'ambiance dépende de la personnalité de son ministre et de son cabinet. Et certains sont antipathiques et se comportent en seigneur.

Il est arrivé qu'un tel ne souhaite la présence d'aucun véhicule dans la petite cour située à l'entrée de l'hôtel de Brienne. Le personnel travaillant au cabinet du ministre a eu lui aussi pour consigne de ne pas traverser cette cour et ils doivent alors emprunter les sous-sols qui passent sous le bâtiment pour ne pas perturber la quiétude du ministre.

Ce même ministre se rendait très tôt chaque matin dans son bureau. Ses appartements étaient à l'étage et les cuisines du ministère, à cette heure matinale, étaient fermées. Inévitablement, tous les matins, il demandait un café au garde de faction. A cette exigence, les gardes réagissaient de deux façons. La première était que le garde s'exécutait en payant avec ses propres deniers le café à l'autorité ; la seconde était qu'il répondait, avec diplomatie, que la cuisine était fermée.

Dans une République comme la nôtre, la Monarchie n'est pas morte, car beaucoup trop de politiques se comportent en souverain considérant que tout leur est dû. Or nous sommes des serviteurs de l'État. Pas ses esclaves.

Mais malgré les sauts d'humeur et caprices de certains hauts fonctionnaires, il faisait bon vivre dans ce ministère. Un de ses locataires m'a laissé beaucoup de bons souvenirs, Alain Richard : personne ne connaissait le nom de ce ministre lorsqu'il a été nommé à la Défense. Ce haut personnage, distingué, élégant et bien éduqué a été apprécié. Il s'est vite rendu compte qu'une certaine sérénité régnait au sein de son ministère. Chaque service travaille avec professionnalisme. Les militaires ne se plaignent pas. Chaque militaire a un grade et une solde qui correspond à son rang, il n'y a donc aucune jalousie. Grâce au chef de cabinet militaire, le général Germanos et le colonel Puyou, je suis nommé président des sous-officiers et officiers mariniers. Les activités de cohésion dont j'avais la charge m'ont permises d'avoir un contact particulier avec le ministre, remarquant à quel point il était intègre et travailleur. Au bout d'un an de présence, lors d'un de ses discours, l'ensemble du personnel éprouvait une réelle joie et fierté de servir sous ses ordres.

Pour ma part, mon détachement me donne beaucoup de satisfaction. Il me confirme que personne n'apprécie d'être contrôlé, et encore moins certains de nos élus qui nous le font bien comprendre. Les gardes sont parfois malmenés. Et après toutes ces années, je me rends compte que ce sont toujours les mêmes individus qui sont récalcitrants : députés, sénateurs, ambassadeurs et tout individu ayant une quelconque responsabilité au sein de l'État.

La sécurité passive et active est bien adaptée au site. Toute intrusion est immédiatement signalée. Il y a plusieurs postes de garde statique, tous situés à des points stratégiques. Les guérites sont toutes munies d'un moyen de communication et les gardes sont joignables à tout moment. Comme les tours de garde durent deux heures, j'organise des patrouilles autour du ministère. Une équipe de réserve d'intervention, composée de trois personnels, est toujours prête à intervenir en cas d'incident. Ceux-ci peuvent être de tout genre : un rassemblement inopiné, un tag ou la présence intrusive d'un militant antimilitaire. Le maillage de sécurité est fait de façon à utiliser le minimum de personnel. À mon époque, déjà pour des questions budgétaires, le gouvernement avait diminué les effectifs dans les détachements. Si cette diminution de moyens et personnels a eu des conséquences immédiates sur la sécurité, elle ne perturbait pas nos dirigeants. Nous étions des militaires et nous devions nous adapter. Contrôler les personnes n'est pas une chose aisée. Ma seule consigne pour les gardes est de contrôler avec diplomatie les personnes qui entrent sur le site, et de répondre à tout récalcitrant : « J'applique les consignes. ». Et plus la personne se plaint et plus le garde répond « J'applique les consignes. ». Je n'interviens qu'en cas de scandale. Il y a les bureaucrates et les hommes de terrain.

Pour preuve, le jour où le directeur de cabinet souhaite retirer un garde qui assure le contrôle entre le ministère de la défense (plus de quatre-mille personnels) et le cabinet du ministre (environ sept-cents personnels). A ce poste, le garde effectue le contrôle systématique des personnes qui désirent se rendre au cabinet. J'apprends la nouvelle décision. Je suis surpris. Ce poste est important mais il dérange. On estime qu'un garde assis dans une guérite est inutile et qu'il ne fait rien. Contrairement au commentaire d'un syndicat de police, une garde statique est loin d'être « inefficace et démotivante » ! Une réunion est programmée. Le jour J arrive. Je m'y rends avec un officier adjoint du colonel de gendarmerie. Le directeur de cabinet civil est sympathique et il m'apprécie. Il nous annonce sa décision. L'officier adjoint sort son discours « d'homme du bureau » et ensuite on demande l'avis de « l'homme du terrain ». A l'époque je suis Lieutenant. Très calmement, j'explique qu'il n'y a aucun problème, sauf que :

Premièrement, ce n'est pas parce qu'un garde est assis dans une guérite qu'il ne fait rien.

Deuxièmement, j'explique que les quatre-mille personnels de le Défense traverseront le cabinet pour prendre le métro aux Invalides, plus intéressant pour eux, car il y a plus de correspondances.

Troisièmement, je précise que lorsque que le ministre donnera sa conférence de presse sur le perron, il faudra accepter le passage intempestif du personnel et des curieux qui traverseront la cour et qu'il ne faudra pas alors s'étonner de surprendre des personnes en train de prendre le café dans le jardin...

Pour terminer, je pose une question au directeur : combien de personnes empruntant ce passage vont et viennent chaque jour ? Il l'ignore. Je le lui annonce : près de 2000 passages par jour et chaque personne est contrôlée par mes gardes, bien que certains rechignent à être contrôlés. Il me demande alors de le tenir informé sur tous les récalcitrants. C'est à ce moment-là que je lui réponds : « Je peux vous montrer, dès à présent, la main courante que j'ai fait établir ». Étonné, il demande à la voir alors je lui présente le cahier journalier où sont répertorié tous les incidents. En le consultant il y voit consigné la note d'un incident survenu avec un ambassadeur, qui lors du contrôle effectué par l'un de mes gardes s'est alors exclamé : « Vous nous emmerdez. » Ce jour-là, mon garde, après de multiples : « Monsieur, j'applique les consignes. » m'a rendu immédiatement compte de l'incident. A mon tour, face aux invectives de cet ambassadeur, je lui ai répondu « J'applique les consignes. », lui faisant par ailleurs remarquer que s'il désire se plaindre, je peux l'accompagner au bureau de chef de cabinet. Si cet incident relaté dans cahier de main courante n'a donné lieu à aucune plainte de la part de cet ambassadeur, il a permis au directeur de cabinet de se rendre compte de l'importance de maintenir le poste de garde statique.

Par la suite, et à la demande du directeur de cabinet, je lui présentais chaque mois le cahier de main courante.

Les hommes de mon détachement sont toujours impeccables. Le garde à l'accueil de l'hôtel de Brienne est en grande de tenue de service (GTS) pour accueillir les autorités. Tous les soirs, une ronde de sécurité s'effectue dans les bureaux. Mon colonel me laisse carte blanche, mais je n'oublie jamais de lui rendre compte en cas d'incident. Mes gardes n'ont pas la tâche facile. Les autorités ne se rendent pas compte de leur abnégation et de leur professionnalisme. Pour preuve, dans tous les cabinets ministériels, il existe une prime mensuelle. Un garde touche 23 euros par mois quand un policier garde du corps du ministre en perçoit 1000 alors qu'il travaille une semaine sur deux. Le détachement de police à mon époque était d'une dizaine de policiers avec un commandant. Aujourd'hui, il y a trois commandants pour quinze policiers.

Bien que la garde républicaine fasse partie du patrimoine et de nos traditions, ils paraissent invisibles aux yeux de nos gouvernants.

La sécurité est ingrate et dure à faire admettre, seul une grande diplomatie et un soutien sans faille de sa hiérarchie aideraient grandement à gérer, sans problème, les éventuels incidents.

Je suis muté en Côte d'Ivoire, après cinq ans passés au cabinet du ministre de la Défense et intègre la coopération militaire pour deux ans. Le 01 août 2001, je rejoins l'école de gendarmerie ivoirienne. Responsable du bureau organisation, moyens et examens, je gère l'emploi du temps des six cents élèves sous-officiers ainsi que des vingt élèves officiers de l'école et veille à leur faire passer le diplôme d'officier de police judiciaire.

Je garde un merveilleux souvenir de ce commandement et le quitte avec une récompense puisque le ministre de la Défense me décerne la médaille de Chevalier de l'Ordre du Mérite.

A L'ÉLYSÉE

Après deux ans passés à l'école de gendarmerie ivoirienne, de juillet 2001 à juillet 2003, je suis muté à Paris : dès le 1er aout 2003, je retrouve la Garde républicaine.

Entre-temps, le colonel de gendarmerie qui était au cabinet du ministre de la défense a été promu général de brigade et nommé directeur des ressources humaines à la DGGN.

Lors de mon séjour en Afrique, je correspondais avec lui. Ces échanges me permettaient de partager avec lui des informations générales sur mes conditions de vie et d'expliquer ma gestion opérationnelle sur le terrain de la situation sécuritaire du pays notamment lors du coup d'état de 2002. Après ce séjour africain agité, je souhaite revenir à Paris. Le général me propose la compagnie de sécurité de la présidence de la république (CSPR), composée d'environ 250 gendarmes.

En 2003, les unités de la Gendarmerie nationale commencent à être dotées d'un nouveau pistolet, le Sig Sauer, et d'un bâton télescopique de protection (BTP).

Pour pouvoir utiliser ces nouveaux moyens de défense, une formation est obligatoire. Pour maitriser l'usage du Sig les gardes doivent s'entraîner au tir. Minimum 50 cartouches. Pour le BTP, une formation de huit heures leur est nécessaire. Avec l'aide de l'Adjudant Thierry, nous avons la responsabilité de l'instruction sur le maniement de ces nouvelles armes. Mais mes responsabilités à la CSPR vont au-delà de ces formations techniques, puisque je gère administrativement l'ensemble de mon personnel. La tâche est lourde mais le challenge très enrichissant sur le plan humain.

A l'Élysée, je ne suis pas en terre inconnue : je connais le palais. De 1982 à 1994, j'assurais la sécurité rapprochée de François de Grossouvre, conseiller de François Mitterand.

Le palais de l'Élysée a eu une destinée singulière. Simple hôtel particulier construit par le Comte d'Évreux au début du XVIIIème siècle, il n'avait pas vocation à devenir, après Versailles ou les Tuileries, le cœur politique de la France. La mode des hôtels particuliers dans les faubourgs battait son plein. Le Comte d'Evreux restaure l'édifice en 1718. Les travaux s'achèvent en 1722. A la mort du Comte, c'est la marquise de Pompadour, maîtresse du roi Louis XV qui prend possession des lieux. Elle n'y résidera qu'épisodiquement, passant le plus clair de son temps à la cour de Versailles. Sorti miraculeusement intact de la révolution, le palais devient la propriété du prince Murat qui a épousé la sœur de Napoléon. Puis c'est Napoléon qui s'y installe en 1808. C'est dans l'une des pièces du palais, le salon d'argent, qu'il signa son abdication le 22 juin 1815, après la défaite de Waterloo. La révolution de 1848 en fait temporairement la résidence du Président de la République. Louis Napoléon Bonaparte, neveu de Napoléon 1er, élu président en décembre 1848, s'y installe. Sous la IIIème République, le palais de l'Élysée devient la résidence officielle de tous les Présidents de la République, avec l'installation en 1874 du Maréchal Mac Mahon, élu Président en 1873.

Vingt et un ans après mon affectation dans ce palais d'histoire et de symboles, je reviens dans la première maison de France pour prendre le commandement d'une des plus grosses compagnies de gendarmerie. La CSPR est une unité prestigieuse. Tous les jours, viennent en renfort plusieurs gardes provenant des compagnies d'honneur du 1er Régiment d'infanterie. Ils effectuent sept gardes de vingt-quatre heures par mois. D'autres sécurisent les jardins et présentent les honneurs aux autorités si nécessaires. La garde dans les jardins est dangereuse. Me revient en mémoire le chien du Président François Mitterrand qui n'aimait pas les gardes. Il n'était donc pas rare de voir ces derniers grimper sur les murs en attendant que le Président rappelle son chien.

Mon bureau et mon secrétariat se trouvaient à la caserne Penthièvre située près de l'Élysée. Cette proximité me permet un meilleur suivi du dossier individuel des gardes et me facilite la gestion administrative. Trois services composent l'unité : le service des contrôles, le service des chauffeurs et le service de sécurité.

Le premier service consiste à contrôler toute personne se rendant à la présidence. Elle passe sous un détecteur de métaux et soumis à une fouille. Tout individu qui se présente au palais est attendu : son identité doit figurer dans un listing informatique. Il est escorté et accompagné jusqu'au bureau du personnel de l'Élysée. Chaque membre du personnel du palais possède un badge personnel. Suivant la couleur figurant sur ce laissez-passer, les déplacements dans le palais sont contrôlés et limités. Le bâtiment est ainsi compartimenté. Ce système canalise et fluidifie la circulation du personnel et permet d'avoir le moins de monde possible dans l'environnement du Président.

Les chauffeurs se divisent en deux services : les chauffeurs affectés et les non affectés. Les premiers sont au service d'une personnalité proche du Président, les seconds au service de tout le monde.

Les chauffeurs sont en majorité des gardes. Polis, disponibles, impeccables dans leur comportement comme dans leur tenue, ils connaissent la ville de Paris. Ils sont gérés par un service de régulation. Les « courses » (déplacement des véhicules) sont nombreuses et fréquentes et la nuit une permanence est assurée. Un logement de fonction est attribué au fonctionnaire de permanence à l'Élysée. Il bénéficie de la restauration élyséenne et peut recevoir.

Je passe parfois du temps avec les chauffeurs. En 2003, il y a encore des anciens chauffeurs ayant connu plusieurs chefs d'État. L'un d'eux, parce que le chauffeur titulaire était absent, avait été désigné pour ramener le général de Gaulle à Colombey-les-deux-Eglises. Il me raconte un souvenir. Arrivée à destination, le général l'invite à rentrer à la Boisserie et lui présente une boîte de cigares. Dans celle-ci tout un choix de taille qui va du petit cigarillo au cigare « barreau de chaise ». Il lui propose d'en choisir un. Intimidé, le chauffeur choisit un cigare de petite taille. Le général le toise : « Vous êtes sûr que dans votre esprit vous souhaitez réellement celui-là ? ». Il prend le plus gros cigare de la boîte et il lui offre.

Le service de sécurité intérieur est le plus proche du Président et sécurise le bâtiment où se déroule la vie privée et professionnelle du Président. Le candidat est trié sur le volet et ne rejoint ce service qu'après avoir subi un certain nombre de tests. Une fois affecté, il est astreint à un entraînement quotidien dans tous les domaines. Toute la sécurité de cet espace est sous la responsabilité de la gendarmerie. Toute manifestation officielle y est donc sécurisée par les gendarmes. Les policiers du service de la protection n'assurent que la sécurité rapprochée du Président à l'extérieur de la Présidence. Dans le palais de l'Élysée, ils n'ont aucun pouvoir.

L'Élysée est un beau palais. Je comprends mieux pourquoi nos politiques désirent tous être élus

Président de la République française. La place est trop bonne. Nous en avons eu encore la preuve au dernier remaniement du mois de février, vingt ministres et dix-neuf secrétaires d'état. Six nouveaux postes en plus par rapport au gouvernement précédent. Ce gouvernement est le plus étoffé du quinquennat avec trente-neuf ministres. Alors que le chiffre du chômage est au plus haut, on fait plaisir aux amis en les nommant ministres, leur offrant par la même une confortable retraite après n'avoir passé – pour certains - que très peu de temps dans leurs ministères. Belle initiative pour encourager l'emploi. L'Élysée embauche.

J'ai côtoyé les gardes républicains qui assuraient la sécurité du palais de l'Élysée de 1982 à 1994. Appartenant au GIGN, je m'entendais bien avec eux ainsi qu'avec le personnel civil chargé de la maintenance. Durant ces années, je me suis rendu compte que tous les services de ce haut lieu étaient cloisonnés, qu'il y avait un cruel manque de communication entre les bureaux et les services. Vingt et un an plus tard, en 2003, rien n'a changé. Tout est organisé comme dans un ballet. Des hommes et des femmes exercent, dans l'ombre des dorures de la République, des métiers variés (cuisine, tapissier, traiteur, etc...) et chacun d'entre eux, participent à l'organisation millimétrée et à la réussite d'une manifestation. Ici, plus qu'ailleurs, l'honneur et l'image de la France sont en jeu. Les gens se croisent et bavardent dans la cour ou au restaurant de la Présidence, mais les bureaux sont secrets. Je ne me souviens pas m'être rendu dans un quelconque bureau. Tout passe par les secrétariats au service particulier d'une autorité importante. Lorsqu'une secrétaire termine tard, un chauffeur la reconduit chez elle. En fin de journée, le service des chauffeurs est donc très sollicité ; les secrétaires doivent patienter un peu avant d'être raccompagnées à leur domicile. Il y a des priorités. Mais comme cette attente déplaît à certaines de ces dames, elles usent et abusent du pouvoir de leur autorité. L'une d'entre elle a ainsi rabroué et fait renvoyer un garde qui avait eu le malheur de la faire attendre. Durant mon temps de commandement à l'Élysée, cela arrive à l'un de mes Adjudants, relevé de son poste *manu militari* ! Je ne peux rien faire malgré un comportement exemplaire de ce gradé. La grande muette se tait et se plie aux exigences arbitraires du pouvoir... fusse-t-il exercé par une de ses secrétaires ! Toujours est-il qu'un gradé, ancien de la garde, a été renvoyé.

La longévité du temps de vie d'un garde à la Présidence se joue tous les jours. Un contrôle mal effectué, une mauvaise parole, un mauvais mot, un regard noir ou un mécontentement peuvent, très vite, engendrer un renvoi. Le comportement d'un garde se doit d'être impeccable, et cela même si des menaces fusent à son égard. Comme cette responsable de la presse qui se permet ouvertement des menaces : « Ici, c'est moi qui commande ! Vous faites ce qu'on vous dit, où je brise votre carrière ! ». Travailler à la Présidence exige rigueur, professionnalisme et disponibilité mais cela n'exclut pas la courtoisie, la politesse et le respect des autres.

Toute opinion politique mise à part, je conserve un merveilleux souvenir de Jacques Chirac. Parce qu'il faisait exister « l'autre ».

Lors d'un déplacement en province sur une base militaire, il a fait une petite entorse au protocole en quittant le cortège à pied pour venir serrer la main à un personnel de la base militaire qui se trouvait à quelques mètres. Ancien officier de réserve, Jacques Chirac respectait les honneurs, les traditions et saluait chaque militaire par son grade. Nous le sentions émus lorsqu'il passait devant les troupes. A la différence de cet autre Président qui n'aimait pas les Armées : nous aurions pu mettre des machines à laver à la place des gardes pour les honneurs, l'effet aurait été le même.

La sécurité rapprochée du Président est aujourd'hui assurée par des policiers et des gendarmes. Tous appartiennent au groupe de sécurité de la Présidence de la République créée en 1983 par le Préfet Prouteau, également créateur du GIGN. A l'époque, cette unité était la garde rapprochée du Président François Mitterrand, qui avait compris qu'ils étaient de vrais professionnels. Lors de son élection, le Président Chirac a maintenu les gendarmes dans leur mission de sécurité du chef de l'état. A la fin de son mandat, il a conseillé à son successeur de poursuivre dans cette voie. Peine perdue, tous les gendarmes ont été remerciés. La garde rapprochée policière du nouveau président s'est alors empressée d'investir les lieux et de s'y installer. Le nouveau locataire du palais présidentiel n'appréciant que la police, il a, avec l'aide de celle-ci, écartée la gendarmerie nationale des missions de sécurité présidentielle durant son mandat. Il a réduit la mission de la Garde à sa plus stricte expression – la revue des troupes par un chef d'Etat étranger, quand il y en avait une, ne devait pas durer plus de trente secondes, sinon, gare aux foudres de l'« hyper-président » ! –, supprimé le protocole républicain et, dans le parc, il fallait que les gardes se cachent à son passage. Pourtant la C.R.S. de Vélizy a voulu prendre la relève de la Garde républicaine. De nombreuses visites ont été organisées pour rendre compte de la mission de sécurité du palais. On reproche souvent aux gendarmes qu'ils se voient attribués un logement de fonction mais beaucoup de policiers refuseraient de vivre en caserne. J'ai été commandant de caserne. Il y règne une discipline de comportement et un code de vie. Mais lorsqu'on connaît leur rythme de travail, on comprend rapidement pourquoi on leur octroie cet avantage. Les heures de services d'un gendarme ne sont pas fixes. Et quelle ne fut pas ma satisfaction, lorsque j'ai appris que les policiers refusaient d'envahir le palais. En effet, les horaires interminables, les nombreuses permanences et les sommaires conditions de couchage des gendarmes ne plaisaient pas à ces messieurs ! La maréchaussée besogneuse a continué de servir l'État, sans revendications ni syndicats pour la défendre. Cependant les policiers en charge de la sécurité de ce nouveau Président ont bien profitaient des largesses de l'Élysée. La prime de cabinet d'un garde est d'environ deux cents euros.

Celle d'un policier, plus de mille-cinq-cents. Les gardes payent leur repas à la restauration du palais. Pour les policiers et leurs invités ou leur famille, c'est gratis !

François Hollande, dès son arrivée à l'Elysée et dans une vision très gaullienne de l'exercice, a remis immédiatement la Garde républicaine à la place qui avait toujours été la sienne dans la Vème république (honneurs militaires dans la cour d'honneur, dans le parc, grande escorte, etc.). Le président et ses proches collaborateurs ont également permis au commandement militaire de rejouer sa partition dans la hiérarchie interne. A une certaine époque, il n'était pas rare que le commandant militaire reçoive un e-mail comminatoire d'un conseiller ou d'une autorité du cabinet le sommant de traiter un peu mieux une secrétaire qui usait et abusait des services de la régulation, au risque d'y laisser sa propre tête. L'actuel commandant militaire est arrivé de la Corrèze avec le nouveau président et le directeur-adjoint du cabinet. Cette conjoncture favorable a été la raison principale de la renaissance du commandement militaire et l'accession de son chef à de nouvelles responsabilités dès 2012. La confiance du PR et de la direction du cabinet a favorisé la nomination du commandant militaire à la fonction de correspondant de défense et de sécurité de la Présidence de la République (CDSPR) ce qui constitue une évolution fondamentale de la fonction (le CDSPR est l'équivalent des HFDS en place dans les ministères, mais n'est pas soumis à la tutelle du PM). Aujourd'hui, le commandement militaire couvre tous les aspects de la sécurité liée à la Présidence de la République. Il est en capacité de faire face à tous les types de menaces potentielles, de la cyber attaque au risque terroriste, en passant par la mise en œuvre de contre-mesures électroniques...Quelle évolution ! Le président a repris les gendarmes pour sa sécurité rapprochée, rejoignant ainsi les policiers affectés auprès du Président.

Détail amusant, c'est un contrôleur général de police qui dirige la soixantaine de gardes du corps. Ce grade est l'équivalent de général dans les Armées. Première constatation, comment peut-on affecter un policier de ce grade pour encadrer un si petit effectif ? Pour indication, le GIGN, fort d'environ quatre-cents gendarmes, est commandé par un colonel. Encore une fois, cherchez l'erreur.

Enfin, pour intégrer le GSPR gendarmerie, les gendarmes passent les mêmes tests que ceux pour intégrer le GIGN, et ils s'entraînent au tir et à la stratégie de la protection rapprochée. Leur niveau opérationnel est donc élevé.

Mais quand je vois un policier au côté du Président, l'étonnement me saisit. Toujours. L'homme qui monte à l'avant droit du véhicule présidentiel accompagne son autorité partout. Dans le jargon de la protection, on l'appelle le « Siège ». Or certains policiers qui occupent ce poste n'ont absolument pas le niveau opérationnel requis. L'un présente un embonpoint qui fait sourire toutes les protections étrangères, quand l'autre ressemble plus à un instructeur de secourisme qu'à un *bodyguard* et paraît perdu autour de son autorité.

J'ai assuré des missions de protection et donné des cours de protection dans les pays africains. Je connais les différents comportements et postures de sécurité à adopter lors de ce genre de cérémonie.

Le 11 novembre 2015, j'assiste à la cérémonie sur la place de l'Arc de Triomphe. Le Président, son gouvernement et ses invités portent tous une tenue civile décente car respectueuse de l'hommage national qui va être rendu à ceux qui sont tombés au champ d'honneur pour la France. Le policier, à la droite du Président, porte lui un jean noir et une doudoune. Et que dire de la responsable sécurité, vêtue d'un tailleur gris, mais dont la veste, trop courte, laisse apparaître le holster en cuir de son pistolet. Aussi connue que le président, elle a eu droit à son collier de fleurs à Papeete, mais elle n'a rien à faire autour du Président. Son rôle est de commander un dispositif de sécurité, pas d'encadrer par sa présence physique le Président. Elle se doit de veiller à la bonne mise en place du dispositif de sécurité, prendre du recul et prendre le cas échéant des initiatives en cas de problème. Il ne s'agit donc pas de s'afficher mais de travailler dans la discrétion au lieu de virevolter autour du Président tel un papillon.

J'ai du mal à distinguer le triangle de sécurité dans le dispositif mis en place. Ce dispositif est parfois renforcé par un élément avec la valise en kevlar.

Contrairement aux missions d'accompagnement de sécurité générale ne nécessitant qu'un officier d'accompagnement, les missions dites de protection rapprochée justifient la présence d'au moins 3 éléments armés, auprès de la personnalité.

L'élément avancé : il doit tenir le secteur avant du dispositif. Légèrement décalé, de préférence vers la droite, pour ne pas gêner le champ visuel de la personnalité. C'est lui qui ouvre la portière du VIP lors d'un embarquement. En déplacement pédestre, il ouvre la route pour indiquer le chemin à suivre, tout en canalisant la foule qui arrive devant lui, aidé par les flancs droit et gauche qui assurent le rôle de relais.

Le flanc droit : c'est, en général, le chef du dispositif. Son secteur d'observation est le côté latéral droit. Il communique au reste du dispositif les différents mouvements de la personnalité.

Le flanc gauche : rôle le plus difficile à tenir, il doit assurer le secteur latéral gauche ainsi que le secteur arrière du dispositif. Il a également un rôle d'évacuateur en cas d'agression du côté droit.

La communication est un élément essentiel dans l'efficacité d'un dispositif. En effet, le contact visuel entre les différents éléments n'est pas toujours possible en raison de la prise en charge par chacun de son secteur ou lors de l'entrée dans un bâtiment alors que le contact visuel n'existe plus entre les conducteurs de véhicules et l'équipe pédestre.

Je me souviens d'un renfort de sécurité pour le GSPR attestant de leur qualité de deuxième rideau de sécurité. En précurseur, je suis parti à l'île Maurice, où le président devait se rendre à une petite cérémonie organisée pour les Français qui vivaient dans ce pays. Le discours du président terminé, il se dirigea vers la foule. Je faisais partie du Diamant, nom adopté de la formation de sécurité ce jour-là. La foule a entouré le président. Il a donc fallu se frayer un passage pour sortir l'autorité de la foule. Imaginer la force qu'il faut pour repousser les personnes qui désirent s'approcher, le but étant que l'autorité soit dans une bulle inaccessible. Je ne suis pas sûr que la sécurité rapprochée du président soit en mesure d'assurer cette mission.

Rien d'étonnant puisque beaucoup de policiers sont cooptés pour servir dans l'unité de protection de la Présidence sans passer le moindre test de sélection comme nous le faisons dans la gendarmerie. Pourtant, en cas d'agression du Président, les hommes qui composent son service de sécurité rapprochée doivent être vifs et réactifs. Beaucoup plus vifs et réactifs que le 30 juin 2011, lorsqu'un individu a agrippé le Président par le col de son costume au nez et à la barbe des policiers chargés de la sécurité du président. N'est-ce pas inadmissible mais aussi incompréhensible qu'un individu puisse agresser physiquement le Président ? J'ai compris par la suite pourquoi de nombreux policiers souhaitent intégrer le SDLP : pour avoir le privilège d'être avec une autorité gouvernementale. Avantage important puisqu'il leur permet de prendre du galon sans passer d'examen. C'est ainsi, qu'un commandant de police, porte-serviette d'un ancien Président, a été nommé sous-préfet, alors qu'il n'a aucune qualification et formation requise pour exercer cette fonction.

Par la magie du copinage, du piston et des syndicats qui opèrent au sein du ministère de l'Intérieur, vous pouvez rentrer gardien de la paix et finir... préfet !

Je suis militaire et attaché aux valeurs et aux traditions de la Gendarmerie nationale. Mes promotions au sein de mon institution sont toutes dues à l'obtention de mes examens et à ma façon de servir.

AU MINISTÈRE DES AFFAIRES ÉTRANGÈRES

Durant mon commandement à la CSPR, j'effectue d'août 2005 à janvier 2006, un détachement pour l'ONU de six mois à Abidjan, en Côte d'Ivoire. Chargé de mission auprès du sous groupement de sécurité, nous assurons la sécurité du gouvernement et des personnalités pouvant être menacées. C'est l'une des premières fois (peut-être même la première) qu'une mission de protection rapprochée de l'ONU assure la sécurité d'un gouvernement, et d'une partie de celui-ci. Le *Sous-Groupement de Sécurité* (SGS) est chargé de cette mission et il est composé de deux-cent-soixante-dix-neuf gendarmes provenant de cinq pays : Niger, Togo (30), Benin (40), Sénégal (50) et Ghana (36). Le commandant du SGS est un lieutenant-colonel. A cette époque, le pays se préparait aux élections présidentielles, j'ai donc assuré la sécurité du retour de Bédié et Ouattara.

Fin décembre 2005, alors en séance d'instruction de tir avec le SGS, je reçois un appel de la France. C'est le colonel commandant mon régiment de la Garde républicaine qui cherche à me joindre.

« Tu ne m'as pas tout dit, “Marcel”. » Ce surnom m'a poursuivi toute ma carrière. Je lui réponds que je ne comprends pas. Il poursuit :

« Tu es en phase deux de mutation. »

En gendarmerie, il y existe deux phases de mutation. La première est la proposition du bureau des personnels officiers (BPO) de la DGGN d'un candidat pour un poste défini. Si cette candidature est retenue par l'organisme demandeur, on passe alors à la seconde étape du processus de mutation : on demande alors à l'intéressé s'il accepte la mutation. On me propose le poste de conseiller technique pour la sécurité des ambassades.

Je suis étonné car j'ai demandé dans ma fiche de vœux de faire une année supplémentaire à la CSPR. L'entrée en fonction de ce poste doit se faire au 1er février 2006, c'est-à-dire dès la fin de mon opération extérieure en Afrique. Le colonel me demande de réfléchir vingt-heures. J'ai cinquante-deux ans, il me reste cinq ans avant d'atteindre la limite d'âge de mon grade. Ce poste sera ma dernière mutation. Sans même me renseigner sur le poste, je trouve le challenge intéressant, je réponds donc immédiatement au colonel que j'accepte ce poste de conseiller technique pour la sécurité des ambassades et le 1er février 2006, je rejoins mon nouveau poste.

J'arrive dans un ministère qui souhaite faire des économies. La solution est donc rapidement trouvée : il suffit de diminuer les postes de gardes de sécurité des ambassades. Il y a environ 150 policiers et près de 300 gendarmes qui assurent la sécurité des bâtiments mais aussi celle du personnel diplomatique. Une grande réorganisation s'impose.

Je m'aperçois que l'ambiance y est détestable et que je remplace un lieutenant-colonel parti précipitamment pour incompatibilité d'humeur avec son supérieur. Il ne s'entendait pas avec le haut fonctionnaire de défense (HFD). Je prends ce poste sans avoir eu de consignes et sans avoir de fiche de poste. Très rapidement, je me rends compte que ce ministère a opté pour un officier subalterne du grade de capitaine – ce que je suis à mon arrivée en poste – afin d'avoir une totale main mise sur ce conseiller technique sécurité. Le leitmotiv de ma hiérarchie à mon égard est : « Tais-toi ! »

Le premier aspect de la fonction de conseiller technique est « officier de liaison » avec la direction générale de la gendarmerie nationale. Celle-ci met à la disposition du ministère des affaires étrangères 284 gendarmes (hors budget de la défense, c'est-à-dire que leur rémunération est assurée par le MAE), pour garantir la sécurité des représentations diplomatiques à l'étranger. Ainsi, la Gendarmerie est présente dans 94 représentations diplomatiques françaises. En plus des gardes de sécurité permanents, quelques missions temporaires dont certaines perdurent, ont été confiées à la Gendarmerie. Ces missions relèvent directement du HFD qui en détermine l'opportunité et la durée. Actuellement 45 renforts sont déployés. Cet effectif ponctuel est mis en place lorsque la sécurité d'un ambassadeur est en danger. C'est ainsi que la gendarmerie envoie des gendarmes moniteur d'intervention (MIP) ou technicien d'escorte et de sécurité de site (TEASS). Afin de garantir à la représentation diplomatique française et à son personnel un haut niveau de protection, ces derniers sont d'ailleurs testés et formés par le GIGN.

La gendarmerie consacre 326 membres de son personnel à des missions de sécurité au profit du Ministère des Affaires Étrangères (284 permanents et 42 renforts). La Police nationale déploie 152 policiers dans 64 postes et 42 renforts. Les missions dévolues aux policiers et aux gendarmes sont identiques. Une instruction commune du 23 mai 2007 donne les directives sur les missions des gardes de sécurité diplomatiques.

Le deuxième aspect du travail de l'officier de liaison est qu'il a la responsabilité de la sécurité active (humaine) des représentations diplomatiques assurée par des gendarmes. Cette mission de sécurité recouvre non seulement la protection des ambassades mais également celle des représentations consulaires. Sélectionné par le Commandement de la Gendarmerie Outre-Mer, le candidat retenu pour un poste en ambassade suit un stage d'information (financé par le MAE) d'une semaine au Ministère des Affaires Étrangères quelques mois avant son départ. A cette occasion, de nombreux intervenants sont sollicités pour donner une information sur la vie en ambassade, pour évoquer les difficultés susceptibles d'être rencontrées dans le monde diplomatique, pour présenter l'organisation du ministère, mais aussi pour dispenser des renseignements d'ordre pratique (solde, avancement, mise en route...) prodigués par le centre administratif de la Gendarmerie Nationale (CAGN) et le commandement de la Gendarmerie d'Outre-Mer (CGOM). Ce stage, encadré par un sous-officier supérieur de Gendarmerie, permet également au conseiller gendarmerie de recevoir les futurs gardes de sécurité afin de leur donner les derniers conseils, surtout lorsque les postes présentent des particularités. Cette rencontre est l'occasion d'insister sur le comportement à adopter dans le monde très particulier de la diplomatie et sur l'image de la Gendarmerie qui en découle. Le SSD a été créé pour la protection de l'intégrité du réseau diplomatique consulaire contre les atteintes à l'information, les violences criminelles et les actes terroristes. Ce service permet à l'action diplomatique de s'exercer dans des conditions de sécurité optimales. Une attention particulière est apportée sur le comportement du personnel détaché en ambassade, leur emploi, leurs déplacements sur le territoire ou éventuellement à l'étranger, ainsi que sur leurs notations. Le conseiller gendarmerie est à l'écoute des problèmes, professionnels ou privés, que peuvent rencontrer les gardes placés sous sa responsabilité. Sa mission consiste à conseiller et à soutenir ces hommes qui n'assurent pas toujours leurs missions dans de bonnes conditions.

Le 11 février 2007, un garde s'est suicidé à l'ambassade de France au Luxembourg, laissant derrière lui une veuve et deux orphelins. Le rôle du conseiller a été indispensable sur les lieux pour les premières constatations mais aussi pour entourer et soutenir la famille du défunt.

D'une manière générale, les ambassadeurs ou consuls généraux saisissent systématiquement le SSD chaque fois qu'un garde de sécurité est concerné par un problème particulier. Toutes les correspondances officielles émanant des gardes et à destination du ministère ou de la Gendarmerie sont transmises par la valise diplomatique sous le timbre de l'Ambassadeur ou du chargé d'affaires au Service de la Sécurité Diplomatique. Ces courriers sont variés et peuvent concerner les gardes, le matériel de dotation du poste ou l'armement et ses munitions. J'en assure l'exploitation et la « ventilation » vers les différents organismes destinataires. S'agissant des postes, les demandes de moyen de matériel supplémentaire sont effectuées par télégrammes diplomatiques. Le suivi des militaires de la Gendarmerie en poste à l'étranger (permanents et missionnaires) recouvre une grande partie de mon activité et j'en assume seul la responsabilité au sein du SSD sans l'aide ni l'assistance d'un quelconque secrétariat digne de ce nom. Régulièrement, je rends visite à mes camarades de la DGGN. Le compte-rendu dans notre institution est primordial, c'est pourquoi ces visites revêtent un caractère important me permettant de garder un lien fort avec l'institution. Durant tous mes commandements, je conseillais à mes gardes de me rendre compte de tout incident, aussi minime soit-il. Aussi, lorsque je recevais un appel pour une plainte, je pouvais analyser la situation plus clairement, car un compte rendu de la personne mise en cause m'était déjà parvenu.

Si, pour les médias et beaucoup de nos concitoyens, les forces armées et la gendarmerie sont qualifiées de « grande muette », il y a des limites à ne pas franchir. J'ai la responsabilité de plus 300 gendarmes et je souhaite qu'on les respecte. Or ce n'est pas une tradition dans ce ministère. Au contraire, je réalise que les gendarmes sont considérés par le ministère des Affaires Étrangères comme des privilégiés. Ce qui en réalité n'est absolument pas le cas.

Le deuxième aspect de la fonction de conseiller technique concerne les affaires de sécurité dans les représentations diplomatiques. Le suivi de la sécurité passive dans les postes est la partie la plus importante ou du moins la plus technique de mon activité.

J'ai effectué vingt-cinq missions d'audit de sécurité. Ces visites dans les postes diplomatiques ont pour objectif d'établir un point de situation sur l'organisation, le fonctionnement et le maintien de l'effectif. Cette démarche permet de vérifier que l'instruction commune est correctement appliquée.

La politique de réduction d'effectifs voulue par le Ministère des Affaires Étrangères consiste à diminuer les effectifs de sécurité dans les postes. Or cette réduction ne peut s'opérer, que si la sécurité passive (technique comme les détecteurs anti-ouverture de fenêtre) est opérationnelle. Sauf que dans de nombreux pays la sécurité passive est inexistante ou en panne. Cette situation est courante dans les pays africains puisqu'ils sont confrontés à des conditions climatiques extrêmes fragilisant parfois les installations assurant la sécurité des bâtiments officiels.

Il m'incombe donc de veiller au suivi des postes à risques demandant des renforts. De nombreux pays sont confrontés à de graves crises politiques et celles-ci peuvent être à l'origine de facteurs d'insécurité pour le chef de poste et ses agents. La situation dans ces pays requiert une attention particulière et permanente que ce soit pour la mise en place d'urgence de moyens de sécurité complémentaires ou pour le renforcement des effectifs de sécurité.

C'est une mission de sécurité très intéressante, variée et dense que j'entreprends. Et me prouve que la situation de nos gendarmes ne s'améliore pas. La diminution des effectifs touchant également les agents du Ministère des Affaires Étrangères implique que certaines tâches réalisées auparavant par le personnel du M.A.E. sont aujourd'hui du ressort des gendarmes. Très souvent, le contenu de mes rapports de mission est modifié. Les ambassadeurs, très attachés à la diminution des gardes pour gagner des emplois et faire des économies sur le poste diplomatique, usent de tous les stratagèmes pour réussir à obtenir cette diminution. Pourtant, la plupart des ambassades n'appliquent pas les mesures de sécurité que nous leur imposons. Diminuer les gardes de sécurité au détriment de la sécurité du poste ne les perturbe pas.

Le pouvoir de la sécurité américaine, en termes de sécurité d'une ambassade, leur donne le droit de relever un ambassadeur, si celui-ci ne tient pas compte des directives sécuritaires. En France, un ambassadeur est un petit président de la république française de son enceinte diplomatique à l'étranger. Alors que la mission de nos gardes est lourde, qu'ils ont besoin d'être écoutés et soutenus, trop souvent ils sont dans les enceintes diplomatiques corvéables à merci !

Certains ambassadeurs ne rendaient jamais visite au garde de faction, dans ce que nous appelons familièrement le « bocal », c'est-à-dire le poste de garde où le gendarme visualise l'ensemble des points de sécurité de l'ambassade. Le gendarme qui y assure une garde de 24 heures n'y a pas toujours le confort minimum lui permettant, pendant une journée entière, de remplir sa mission dans de bonnes conditions. Malgré de nombreuses demandes de réfection ou de mise à disposition de matériel, les sanitaires restent en mauvais état, la douche ne fonctionnent pas et le four micro-onde inexistant.

Il est arrivé qu'un gendarme soit considéré comme zélé, et donc remercié, car celui-ci n'avait fait que remplir sa mission avec trop de professionnalisme ! Comment ne pas s'étonner qu'un ambassadeur veuille récupérer la somme d'argent alloué pour les cérémonies ?

Comment comprendre qu'un ambassadeur ne consente pas à appuyer sur un bouton pendant une minute pour sa sécurité (ce bouton activait la descente d'un rideau de fer qui le protégeait en cas d'intrusion) ?

Comment comprendre qu'un ambassadeur puisse se faire porter, au bord de sa piscine, les télégrammes diplomatiques dans un pays à risque alors que ces télégrammes ne doivent en aucun cas sortir de son bureau ?

Comment comprendre qu'un ambassadeur accepte le stationnement sous l'enceinte diplomatique des employés d'un pays à très haut risque ?

Dès le début de ma mission en qualité de conseiller technique en ambassade, j'ai rédigé un rapport détaillé sur les conditions d'insalubrité du poste de surveillance tenu par mes gendarmes. Le rapport entre les mains, le HFD y a inscrit une annotation en russe. Par chance, le général commandant la garde républicaine parlait le russe. Le mot voulait dire « Que faire ?

Mes prédécesseurs étaient comme moi officier de gendarmerie. Tous avaient mentionné les conditions minimales de confort et de salubrité pour ce poste occupé par nos gendarmes.

Tous ont rencontré des difficultés dans l'exécution de leur mission.

DERNIER ASSAUT
–
FLICS ET PANDORES

Je me déplace parfois en scooter. Alors que je circule sur un grand boulevard parisien, un agent de police me fait signe de me ranger sur le bas-côté pour un contrôle. J'obtempère. « Bonjour », lui dis-je. Je ne reçois aucune réponse. L'agent me demande mes papiers. J'obtempère à nouveau. Il regarde mes papiers et me lance :

« Tu n'es pas dans l'oued ici ! »

Etonné, je rétorque :

« Vous pouvez répéter ? »

Le vouvoiement, de moins en moins utilisé, le déstabilise. Surtout venant d'un Méhariste qui roule en scooter dans l'oued d'un boulevard parisien ! Je remarque sa surprise. Je lui demande si le fait d'avoir lu sur mon permis de conduire que je suis né en Algérie lui confère le droit de m'interpeller de la sorte. Ne lui laissant pas le temps de répondre, je lui demande à quel commissariat il est rattaché ? Gêné, il me demande pourquoi. « Parce que l'officier de la Gendarmerie nationale que je suis souhaite rencontrer votre commissaire. » Penaud, l'agent de police s'excuse. Ce genre d'incidents est révélateur du manque de respect et de civilité de bien des fonctionnaires de police, et ils surviennent souvent.

Flics et pandores ne viennent pas du même moule. Et cet écart est criant dans plusieurs domaines.

Un ancien patron du RAID annonce sur une chaîne publique à une heure de grande écoute : « Après Human Bomb, Merah, l'Hyper Cacher, le Bataclan et Saint-Denis, le RAID est aujourd'hui l'unité d'intervention des forces spéciales la plus aguerrie du monde. »

Comment peut-on faire cette déclaration alors que nos forces spéciales (composées de personnel des armées de terre, de l'air, et la marine nationale) ont perdu tant de soldats, d'aviateurs, et marins en Afghanistan et au Mali ? Nos militaires mettent leurs vies en jeu pour préserver et protéger notre sécurité et celle de nos concitoyens.

Ce même patron nous raconte dans un livre qu'il a écrit comment cette unité a été créée et la manière dont il en a pris le commandement. Son livre fut écrit seulement vingt-et-un mois après sa prise de fonction dans l'unité – ce que beaucoup de ses hommes lui ont reproché. Comment un adjoint au patron de l'UCLAT[1] peut prendre le commandement de ce qu'il nomme « la meilleure unité du monde » au mois d'août 2007 et déjà sortir un livre en mai 2009 ?

Tout est dit dans ce livre.

« Août 2007, le Directeur Général de la Police Nationale, me donne rendez-vous en début d'après-midi dans la cour du ministère de l'Intérieur. À en juger le nombre de voitures officielles prêtes à

1 Unité de coordination de la lutte antiterroriste.

démarrer, parmi lesquelles se trouvent la voiture de la ministre de l'Intérieur, l'évènement est d'importance. Je saute dans sa voiture. Je le connais bien, comme lui, je suis un produit de la police parisienne. Le convoi démarre. J'apprends que nous allons à Bièvres. Le DGPN, m'annonce : J'ai pensé à toi pour le RAID. Ça t'intéresse ? Moi, patron du RAID ? ... Oui, bien sûr ! ».

Avant de commander ou d'intégrer le GIGN, officiers et sous-officiers sont soumis aux rigoureux tests d'entrée. Les candidats se présentent et durant une semaine, ils sont testés, jugés, évalués. Ces tests que j'ai passés et décrits dans mon premier ouvrage, *Dans les coulisses du GIGN*, comprennent des agrès, de l'escalade, des parcours à risques, de la natation, des marches commando, des parcours d'obstacles, des courses d'orientation, et, bien entendu, du tir – une grande aptitude au tir étant impérative, pour neutraliser et non tuer. La première sélection se fait durant deux mois. Le futur gendarme du GIGN suivra une formation intensive (course à pied, sports de combat, combat classique, escalade, tir avec arme de poing et d'épaule, etc.). Cette période est destructrice. Elle permet de connaître les limites de chacun. Notre unité n'accepte que les personnes très motivées, équilibrées, ayant le sens du collectif, de grandes valeurs humaines et un esprit d'équipe développé. La distribution des corvées en fin de semaine en est d'ailleurs le meilleur révélateur. La plupart des candidats qui veulent intégrer le GIGN ont entre 25 et 32 ans et ont tenté plusieurs fois les tests. Seuls les meilleurs, entre 5 à 10%

des candidats, sont retenus pour intégrer le GIGN. Ils pourront alors poursuivre l'entraînement en vue de l'obtention du brevet du GIGN. Sélectionné mais pas encore élu, le gendarme est toujours affecté à son unité d'origine, mais détaché pour emploi au GIGN. À la fin de ces deux mois, une sélection est encore effectuée. S'ensuivent quatorze mois de formation. Cette période permet de former les élèves à toutes les techniques d'action de l'unité : neutralisation d'individus, mutinerie en prison, lutte anti-terroriste, filature. À la fin de sa formation et selon ses capacités, il travaillera en doublure lors de certaines interventions. Les stagiaires sont également formés à la plongée. Ils effectuent aussi un stage à Montlouis au centre national d'entraînement commando (CNEC). Arrive enfin le jour tant attendu : lors d'une cérémonie et devant tous les éléments de l'unité, l'élève recevra le symbole de son appartenance au groupe : le brevet du GIGN numéroté. Cette cérémonie riche en émotions et symboles vient clôturer une année de formation durant laquelle le candidat aura appris à connaître les deux règles d'or de l'unité : cohésion de groupe et respect de la vie. Désormais dans chacune de ses interventions la devise du GIGN – « S'engager pour la vie » – prendra alors tout son sens. A titre de comparaison, un policier qui réussit les tests pour rejoindre la brigade de recherche et d'intervention (BRI) effectue un stage d'un mois et quinze jours de tir.

En ce qui concerne les officiers, qui ont la même formation, pour qu'ils puissent ressentir les sensations qu'engendre le stress, ils sont mis « à l'assaut », les premiers mois, lors d'interventions ou d'arrestations. Cette étape leur permettra ensuite, lorsqu'ils prendront le commandement d'un groupe du GIGN d'avoir connaissance du danger auquel sont confrontés leurs hommes lorsqu'ils sont déployés en intervention. Après quatre ou cinq ans passés au GIGN, ces jeunes officiers retourneront ensuite en unité pour prendre le commandement d'une compagnie de gendarmerie. Leur expérience acquise au sein du groupe d'élite reste un atout pour la Gendarmerie nationale. Après avoir exercé leur temps de commandement et passé leurs examens pour leur avancement, ils reviennent ensuite au GIGN, comme deuxième ou troisième adjoint.

Ils ont ainsi toutes les capacités opérationnelles et judiciaires pour pouvoir gravir les échelons du commandement et commander au GIGN après une expérience de plusieurs années au sein de l'unité.

Quant aux patrons du RAID, ils arrivent dans cette unité en n'ayant passé aucun test et sans aucune formation opérationnelle. On comprend mieux ainsi le discours emprunté de ces responsables lorsque les journalistes leur posent des questions techniques sur la stratégie opérationnelle.

Reprenons le récit de cet écrivain-policier. Il nous conte la naissance du RAID, malgré l'existence de la BRI depuis 1964. Pour concurrencer le GIGN, certaines personnes influentes et très proches de la haute hiérarchie policière ont décidé d'imiter la gendarmerie et de créer une unité d'élite. A cette époque, le GIGN existe depuis dix ans déjà. Il a été créé, comme les GIPN[1], après les tragiques évènements des jeux Olympiques de Munich de 1972.

Le ministre de l'Intérieur de l'époque aurait émis le souhait de voir la création d'une « formule un » de la police. Quant au nom de l'unité, « il n'y a pas eu de brainstorming ni aucune consultation de conseillers en communication, raconte ce premier patron. Cela s'est passé autour d'une bonne bouteille, après un bon repas entre copains. On s'est amusés autour de mots comme FIRST ou R.A.S. Finalement, on est tombé sur RAID », ou comment créer, dans une ambiance conviviale, et avec l'argent du contribuable, une unité d'élite !

Un policier du RAID coûte deux fois et demie plus cher qu'un gendarme du GIGN, alors que son unité s'est formée seule aux techniques de l'intervention...

DU SYNDICALISME

Lors des attentats qui ont touché la France et nos voisins européens, j'ai participé à de nombreuses émissions de télévision et radio. Lors d'une interview radio, un célèbre journaliste me pose cette question :

1 Groupe d'intervention de la Police nationale. En province, dans chaque grande ville, il existe les GIPN, qui sont récemment devenus des antennes locales du raid. La Police nationale dispose donc d'un nombre impressionnant d'unités de chocs.

« Quelle est la différence entre la police et la gendarmerie ? »

Les circonstances et les évènements récents ne me permettaient pas de donner mon réel sentiment. Je me souviens avoir hésité quelques secondes avant de lui avoir répondu : « Même combat. »

Intérieurement, ce n'est pas du tout ce que je pensais. Car la différence entre police et gendarmerie est aussi flagrante que celle entre la nuit et le jour.

J'ai attendu d'avoir soixante-trois ans et quarante-et-un ans de carrière pour enfin témoigner du fossé qui nous sépare de la police.

J'ai choisi de servir la gendarmerie et je ne le regrette pas. Elle n'a aucune filiation avec la Police nationale. Les gendarmes sont blessés et révoltés par les incessantes critiques que formulent à leurs égards les syndicats policiers. Si la Police nationale comme la Gendarmerie nationale est, elle aussi, soumise au devoir de réserve, il n'en demeure pas moins que la Police possède néanmoins des syndicats capables et autorisés à exprimer de vives critiques notamment à l'égard des gendarmes.

Et les derniers événements tragiques qui ont touché notre pays, ont donné l'occasion aux puissants syndicats de police de s'acharner un peu plus encore.

Les syndicats dirigent le ministère de l'Intérieur. On peut même affirmer que c'est le ministère de la préfecture de police. Au point de penser que c'est un Etat dans l'Etat et qu'ils peuvent tout se permettre. Les différents syndicats se partagent 8500 mètres carrés de bureau. Plus de six-cents personnels de la police ne font que du syndicalisme, et avec les correspondants de province, l'ensemble des effectifs des syndicalistes représente à lui seul près de cinq escadrons de gendarmerie ou cinq compagnies républicaines de sécurité (CRS). En 2015, selon la Cour des comptes, qui pointe du doigt les grandes facilités accordées par le ministère de l'Intérieur aux syndicats de policiers. Coût de cette cogestion : plus de cinquante-quatre millions par an. Dans un référé consacré à la gestion des carrières des policiers et des gendarmes transmis le 3 février au ministre de l'Intérieur, mais publié seulement le 20 avril 2015, Didier Migaud met en évidence les grandes facilités accordées par l'Etat aux représentants syndicaux du ministère. A ce jour, elle n'a toujours pas reçu officiellement de réponse du gouvernement. 70% des policiers sont syndiqués.

La Cour rappelle que sept policiers sur dix sont syndiqués. Il s'agit principalement de dépenses de personnel, à hauteur de 47,4 millions, car les représentants syndicaux sont rémunérés par l'Etat lorsqu'ils s'occupent d'affaires syndicales.

Ces seules dépenses représentent l'équivalent de 200 000 journées de travail par an, « soit l'équivalent de 1.000 emplois à plein temps », a calculé la Cour des comptes. A ces 54 millions, il faut ajouter 1,2 million d'euros pour l'organisation, tous les quatre ans, des élections syndicales chez les policiers. La Cour met ensuite en évidence le manque de contrôle de l'activité syndicale des policiers, en particulier à la préfecture de police de Paris, qui constitue traditionnellement un Etat dans l'Etat.

Selon elle, les « facilités de service » (en clair les absences pour activités syndicales) ne sont pas sérieusement contrôlées par la hiérarchie, même si des améliorations sont intervenues depuis peu.

Autre dysfonctionnement relevé par la Cour, « certains représentants syndicaux cumulent suffisamment de jours de décharge et d'autorisations d'absence pour n'avoir à effectuer aucune présence dans leur service » alors même qu'ils ne disposent pas d'une autorisation écrite les déchargeant totalement de travail. En 2012, 611 policiers syndiqués profitaient de cette largesse de l'Etat.

Cette même commission reprocha à la police de vouloir s'attribuer toutes les enquêtes sur la grande criminalité organisée et le terrorisme, laissant à la gendarmerie le traitement des cambriolages, les faits de délinquance itinérante, les vols de métaux et atteintes à l'environnement.

Par ailleurs, il est de notoriété publique qu'un policier non syndiqué n'aura aucune chance de progresser dans sa carrière. En effet, le pouvoir des syndicats policiers est tel qu'ils participent à l'avancement des fonctionnaires de police surtout si ces derniers sont membres d'un de leurs syndicats. Dans la police nationale et sous l'influence des puissants syndicats, la promotion au mérite a depuis longtemps laissé place à la promotion par copinage. Le 28 novembre 2015, quinze jours seulement après la tuerie du 13 novembre, les syndicats de police dénoncent le « burn out » des policiers ! Alors que le peuple est meurtri, ces messieurs se plaignent encore de leur condition de travail.

Au premier janvier de l'année, un fonctionnaire de police, connait son emploi du temps jusqu'au 31 décembre de l'année. Un policier travaille quatre jours suivis de deux jours de repos. Un citoyen travaille cinq jours suivis deux jours de congé. Le taux horaire n'est pas du tout le même. Grâce à ce régime, beaucoup de policiers cumulent deux emplois (dans la sécurité notamment). Sans compter les policiers qui se présentent au commissariat, qui signent leur feuille de présence et qui rentrent chez eux. Tous les jours à tour de rôle un policier rentre chez lui. Dans certains commissariats les policiers prévoient leur congé maladie pour se rendre à l'ouverture de la chasse ou de la pêche. Cette pratique permet d'éviter que les policiers soient malades en même temps.

Il est arrivé qu'un policier postule à un travail dans une société privée en présentant son emploi du temps annuel et faisant part de son souhait d'être employé les jours où il n'était pas de service. Surpris, le chef d'entreprise lui demande :

« Mais si on vous demande de travailler exceptionnellement un jour de repos ? »

Le policier lui a répondu que c'était impossible, car les syndicats le défendraient.

Entre un policier et un gendarme, professionnellement, le travail est assez semblable mais la différence de qualité de vie est considérable – celle-ci étant nettement supérieur dans la police –, grâce aux pouvoirs des syndicats dont le fonds de commerce est de dénoncer en permanence leurs déplorables conditions de travail, pour mieux revendiquer et obtenir ensuite du gouvernement, l'attribution de primes exceptionnelles ou l'octroi d'effectifs supplémentaires. Certains responsables et policiers syndicalistes sont d'ailleurs depuis plusieurs années au sein de ces organismes syndicaux, bien loin du terrain et où les avantages liés à ces postes permettent un avancement rapide.

Malgré les avantages de la profession, de nombreux policiers se plaignent du manque de discipline et du respect de la hiérarchie. Les commissaires responsables de la sécurité de Paris sont détachés soit avec une CRS soit avec un escadron de gendarmerie. Ils préfèrent souvent prendre leur permanence avec les gendarmes car ceux-ci sont bien plus disciplinés.

A présent, il y a une passerelle pour passer de la police en gendarmerie. Les policiers ou les gendarmes peuvent changer d'institution. Certains policiers choisissent la gendarmerie pour des raisons professionnelles. Issu des forces de police, un jeune homme vient d'arriver cet été en unité de gendarmerie. Quand on lui demande pourquoi il a opté pour ce changement, il évoque les problèmes de laisser-aller latents qui règnent dans les services de police. Il met également en avant la désorganisation.

Un responsable syndical dénonce un système pervers et clientéliste. Ils invitent les policiers « lésés » à déposer des recours devant les tribunaux administratifs. Il révèle la toute-puissance des syndicats dans la gestion des carrières. Il accuse une accélération phénoménale de certains fonctionnaires au détriment des policiers de terrain. Ce système est passé à une échelle industrielle, avec un pic dans les années d'un certain président.

Le non-respect de la laïcité progresse également dans les commissariats. La police est confrontée à des diffusions de chants religieux en patrouille, à des prières dans les commissariats, mais aussi au refus de participer à une minute de silence ou à la protection d'une synagogue. Certains policiers d'un commissariat d'une grande ville en sont même venus à souhaiter que leurs patrouilles se fassent entre policiers de même origine ethnique et confessionnelle

En gendarmerie, c'est la formation militaire qui constitue la colonne dorsale du métier. Même si les syndicats qualifient la gendarmerie « d'acteur mineur du champ de la sécurité », les moyens considérables qui ont été déployés par la gendarmerie notamment lors du crash d'un avion de la Germanwings démentent cette affirmation. Les syndicalistes rétorqueront que le crash ayant eu lieu en zone gendarmerie, il était donc du ressort naturel de la gendarmerie de déployer ses moyens humains et techniques sur les lieux du drame. Par ailleurs, l'organisation et la prise en charge de ce drame par la gendarmerie ont été félicitées par les autorités. Soit. Mais que font alors les CRS dans les montagnes et les maîtres-nageurs de la police dans les zones gendarmerie ? Plus de six-cents CRS sont détachés tous les ans sur les plages. Dans les moments tragiques que nous vivons, tout ce personnel ne serait-il pas plus utile dans les zones police ? La logique des syndicats ne va que dans un sens : leur intérêt. Une lettre d'un préfet expliquait que « les taux moyens d'occupation de la voie publique sur la circonscription de la police sont inférieurs à 6 %. Cela signifie qu'il faut employer 100 fonctionnaires actifs de police pour mobiliser à chaque instant, moins de 6 fonctionnaires sur la voie publique dans une zone de près de 300 000 habitants », et d'ajouter : « Je souhaite l'emploi commun de la police et de la gendarmerie dans l'agglomération, quelle que soit leur zone de compétence. »

Comment un fonctionnaire de police peut-il demander au ministère de l'Intérieur de le rémunérer au titre du temps qu'il consacre à mettre sa tenue de policier et à l'enlever au terme de sa journée de travail, soit une durée de quarante minutes par jour ? Sa demande a bien entendu était rejetée par le ministère de l'Intérieur, mais sûr d'être dans son droit, il a alors saisi la plus haute juridiction administrative française.

Encore récemment, la police nationale ne patrouillait que très peu dans les rues de Paris. Seules quelques patrouilles en véhicule sont visibles aux yeux des Parisiens. La police municipale commence quant à elle à prendre de l'importance par rapport à la police nationale. Verrons-nous la naissance d'une police municipale à Paris ? Je le souhaite sincèrement. Cette police de proximité est moins critiquée par la police nationale depuis quelques temps. Et pour cause, elle est plus proche de la population et a de plus en plus de responsabilité. Cette police est notamment un maillon incontournable de la lutte intérieure contre le radicalisme islamiste. Elle supplée la police nationale sur un grand nombre d'évènements et d'interventions quand les effectifs de police et de gendarmerie ne permettent pas d'assurer l'ensemble des missions de sécurité en province. De fait, certaines de leurs missions sont donc transférées vers les polices municipales. Ces transferts de missions existent depuis des années, ce qui rend floues les règles de compétence pour intervenir des uns et des autres.

Après les attentats de 2015, le ministre de l'Intérieur a demandé qu'une implication plus forte soit envisagée dans les sites à risque. Malheureusement, la police municipale n'est pas ou peu équipée pour prendre en charge la sécurité de tels sites. Il faudrait dans un premier temps que le législateur lui accorde plus de moyens judiciaires. Le meurtre d'une policière municipale à Montrouge en janvier 2015 par Amédy Coulibaly prouve que ces policiers municipaux sont des cibles potentielles pour les terroristes, c'est pourquoi de plus en plus de préfets décident d'armer leur police municipale. Cette démarche a été facilitée suite aux attentats.

La mission d'un policier municipal consiste à seconder les officiers de police judiciaire, à rendre compte à leur hiérarchie de tout crime, délit où contravention. Ils constatent également les infractions à la loi pénale et recueillent les renseignements utiles en vue de découvrir les auteurs de ces infractions. Ils sont également amenés à établir les contraventions aux dispositions du Code de la route. Aujourd'hui, le rôle et la mission des policiers municipaux ne se cantonnent plus uniquement dans la « constatation », puisqu'ils peuvent être sollicités dans des missions d'intervention et de sécurisation. La sécurité des Français doit être un travail collectif. L'ensemble des forces de police doit donc être impliqué, y compris la police municipale.

Les CRS sont les plus grands syndicalistes de la police. Quelques temps après la parution de mon premier ouvrage où j'écrivais que les CRS comptaient parmi les forces de police ayant le plus de revendications, je recevais maintes confirmations de mes dires par des courriers de policiers.

Jeune gendarme en escadron de gendarmerie mobile, j'ai dormi dans des cantonnements superbes que les CRS avaient refusés car ils ne correspondaient pas à leurs standards de confort.

A Calais, les autorités préfèrent travailler avec la gendarmerie. Les CRS ont des véhicules blancs et les gendarmes des véhicules bleus. Les migrants disent en anglais : « White car, on passe et nous sommes maltraités, Blue car, on ne passe pas mais on est bien traité. » Dans cette même ville, quand un escadron met 62 gendarmes sur le terrain, les CRS en postent 42. Pourtant, la mission reste la même. Le coût du logement de ces compagnies est si élevé qu'ils ne sont plus sollicités pour les déplacements dans les DOM-TOM.

La préfecture de police oublie souvent de citer la présence des sept escadrons qu'elle utilise tous les jours, dont trois pour assurer la lourde tâche du palais du justice, et les plus de trois-mille gardes républicains qui assurent la sécurité des Parisiens, préférant toujours mettre en avant les policiers lorsque des événements le permettent. Les renforts ou missions annexes sont alors attribués aux gendarmes mobiles.

J'ai assisté en tant que représentant des retraités de la gendarmerie aux vœux du ministre de l'Intérieur pour la gendarmerie. Ce jour-là, pas moins de 350 gendarmes d'Île-de-France sont réunis sur le plateau de Versailles Satory. Pour l'occasion, une exposition de matériel a été mise en place dans la cour d'honneur. Pourtant, dès la fin de son discours, le ministre a quitté Satory. Aucun des 350 gendarmes qui avaient, pour certains, fait des dizaines de kilomètres pour assister aux vœux de leur ministre, n'a donc été salué. La raison de ce départ précipité ? Des feux criminels avaient été allumés dans une église de Fontainebleau. Le ministre a préféré se rendre sur les lieux de cet incendie plutôt que de prendre même quelques instants pour échanger avec les hommes et les femmes qui assurent au quotidien la sécurité de nos concitoyens. Aurait-il eu ce comportement aux vœux des syndicats de la police ?

DU RENSEIGNEMENT

Suite au bilan calamiteux de l'année 2015, les services de renseignements vont devoir tirer les conséquences de leurs échecs. En 2015, ces services n'ont pu empêcher une impitoyable série d'attaques terroristes au bilan humain très lourd : 162 morts dont 11 terroristes et des centaines de blessés. Depuis la vague d'attentats de 1994-1996, le terrorisme n'avait plus frappé notre pays. Nous nous sentions en sécurité. Et quand les effectifs des services de renseignements sont conséquents, on est en droit de penser qu'ils sont en mesure d'anticiper et d'empêcher tout acte terroriste sur le territoire national. Les récents et tragiques événements qui ont meurtri notre pays ont malheureusement montré les limites de la coexistence de tous ces services de renseignement.

La coopération entre ces services et ceux des autres membres de l'Union européenne existe-t-elle ? On peut en douter quand on sait que bien que, connu des services de police belges, Salah Abdeslam était réfugié dans son ancien quartier de Molenbeek alors que beaucoup de spécialistes de l'anti-terrorisme le disait en fuite en Syrie. Comment cet homme recherché pour sa participation supposée aux attentats de Paris a-t-il pu entrer et sortir sans problème du territoire français ? N'y a-t-il pas une surenchère dans la recherche du renseignement où chaque service souhaite obtenir la primeur d'une arrestation ? Qu'est-ce qui entrave la coopération harmonieuse et l'échange d'informations entre tous ces services ?

Le massacre de *Charlie Hebdo* a pourtant été l'élément déclencheur qui aurait dû faire prendre conscience qu'un partage du renseignement entre services était indispensable et urgent, et qu'il pouvait sauver des vies. Onze mois plus tard le terrorisme frappait à nouveau au cœur de la capitale.

Les interlocuteurs directs du ministre de l'Intérieur pour la sécurité sont le directeur général de la police, le directeur général de la sécurité intérieure, le directeur général de la gendarmerie et le préfet de police.

Les services de renseignements intérieurs sont les suivants : la DGSI (direction générale de la sécurité intérieure) qui possède une énième unité d'intervention, le groupe d'appui opérationnel (GAO). Chaque unité de police possède sa petite unité d'intervention. Il y a l'unité de coordination de lutte anti-terroriste (UCLAT), la section anti-terroriste (SAT) qui fait partie de la préfecture de police, la sous-direction anti-terroriste (SDAT) qui est placée sous la direction d'un contrôleur général des services actifs dotée d'une compétence étendue de l'ensemble du territoire national qui possède une division nationale du terrorisme séparatiste (DNRTS), une division nationale pour la répression du terrorisme internationale (DNRTI) ainsi que le concours d'un réseau territorial de vingt groupes anti-terroristes (GAT), le service central du renseignement territorial (SCRT). Pourquoi une telle multitude de services de renseignements qui se croisent et s'entrecroisent ? La direction du renseignement de la préfecture de police (DRPP) est une structure indépendante du service central du renseignement territorial (SCRT). Dans certaines villes, l'effectif de ce service est de deux-cents fonctionnaires – un gendarme s'y perd de temps à autre. Ils font le même travail mais pas dans les mêmes zones géographiques. Il suffit de voir cette liste pour constater qu'il y a trop de services de renseignement dans la police et que son organigramme est trop touffu et complexe alors que bien des policiers exercent les mêmes missions spécifiques.

Quant à la gendarmerie, elle possède deux services de renseignement à la direction générale de la gendarmerie nationale (DGGN) : la sous-direction de l'anticipation opérationnelle (SDAO) et le bureau de lutte anti-terroriste (BLAT). Il n'y a aucun gendarme à la DGSI alors que ses effectifs dépendent du même ministère – sans doute préfère-t-on les rabaisser au rang de gardes champêtres.

Suite à l'attaque de Saint Quentin Fallavier, le ministère de l'Intérieur a créé, une énième nouvelle structure, l'état-major opérationnel de prévention du terrorisme (EMOPT). Ce service traite plus de dix mille personnes fichées. Cette unité s'ajoute, à celle déjà existante : l'unité de coordination de la lutte antiterroriste (UCLAT) qui dépend du directeur de la police.

Si nous prenons en compte les services qui ne dépendent pas de l'Intérieur, il faut également mentionner : l'action contre les circuits financiers clandestins (TRACFIN), la direction de la sécurité extérieure (DGSE), la direction du renseignement militaire (DRM), le système d'information Schengen (SIS), le European Police Office (EUROPOL) qui regroupe tous les pays membres de l'UE, l'International Criminal Police Organization (INTERPOL) qui regroupe 190 pays membres et Eurojust, le pendant judiciaire d'Europol qui regroupe tous les pays membre de l'UE.

Comment se fait-il qu'avec autant de service de renseignement nous ne parvenons pas à éradiquer le terrorisme ? Trop de services de renseignements tuent le renseignement. Certains suggèrent une énième création, une sorte de CIA européenne. Plus de dix-mille personnes appartiennent à cette communauté nationale du renseignement et ce sont deux appels anonymes qui ont permis d'arrêter Abdelhamid Abaaoud et Salah Abdeslam. Suite à ces attentats, des commissions d'enquête sont mises en place. Après les attentats, il est apparu que nos services connaissaient les terroristes, mais recueillir l'information ne suffit pas, il faut qu'elle soit analysée et échangée avec les bons interlocuteurs. Une coopération étroite entre ces services de renseignement est donc indispensable – elle est pour le moment inexistante –, tout comme une bonne coordination entre analyste et homme de terrain est primordiale.

« Partager ses informations n'est pas dans la culture des services ». Selon un patron de la police, la guerre des polices et la rétention d'information qui en découle parfois sont un cancer qu'il faut combattre en continuant à « rapprocher tous les services pour éviter la guerre des polices ». Selon ce haut fonctionnaire, « c'est toujours à celui qui ramènera la meilleure information, et à un moment, c'est vrai qu'il peut y avoir une certaine cacophonie. Faire partager ses informations n'est pas dans la culture des services de renseignement. Il faut changer notre façon de faire. »

D'autres obstacles viennent entraver l'efficacité des services : en 2009, sous la pression des politiques et de la CNIL, la gendarmerie a été contrainte d'effacer en urgence dans toutes ses unités un fichier de renseignements, ce qui a d'ailleurs été préjudiciable dans des enquêtes liées au terrorisme.

Même s'il reste dubitatif quant à son efficacité, le Parlement européen s'apprêterait à valider le registre européen des passagers aériens, ou PNR (Passenger Name Record), non pas pour répondre à une demande insistante de la France, qui l'a de nouveau exigé après les attentats de Bruxelles, mais parce qu'il estime avoir obtenu les garanties nécessaires en matière de protection des données personnelles. Face à des terroristes qui ne reculent devant rien dans l'horreur, la protection de données personnelles est le cheval de bataille du Parlement européen et il est affligeant de constater que nos institutions européennes privilégient la protection des données personnelles à la sécurité des citoyens et leur mise à l'abri de carnages à venir, lorsque des millions de gens étalent leur vie personnelle sur les réseaux sociaux.

Quoiqu'il en soit, dans cette lutte contre le terrorisme qui s'impose à nous, le temps est primordial et seule une plus étroite collaboration et un échange réel d'informations entre police et gendarmerie, et de manière plus générale, entre tous les services, permettront non seulement de gagner en efficacité mais aussi de sauver des vies.

REMERCIEMENTS

Mes remerciements vont au fondateur du GIGN, Christian Prouteau et tous les patrons qui s'y sont succédé, ainsi qu'à tous les gendarmes qui ont servi cette unité d'intervention. Nos frères d'armes trop tôt disparus sont à jamais dans nos cœurs. Nos valeurs, nos traditions et notre professionnalisme sont chaque jour représentés par tous les gendarmes qui assurent quotidiennement la sécurité de nos citoyens.

Je remercie également David Serra, David Martinez et Laura Magné ; Cédia, Benjamin et Jean-Michel.

Achevé d'imprimer sur rotative
par Bussière CPI France
en juin 2017

–

Dépot légal : septembre 2016
Numéro d'édition : 003
Numéro d'impression : 2030579

Imprimé en France

–

Direction artistique : Jany Bassey

ISBN : 979-10-91447-46-1